「物流危機」の正体とその未来

時代の変化を勝ち抜く処方箋

湯浅 和夫 編著
内田 明美子 芝田 稔子 著

はじめに

物流危機、宅配危機など、いま物流の世界では「危機」という言葉が飛び交っています。ここでいう危機は、これまでのやり方では、早晩、企業間物流も宅配も立ち行かなくなるという持続性の危機を意味しています。

つまり、もはやこれまでのような物流はできなくなるということです。これは、たしかに危機です。しかし、そう深刻になる必要はありません。危機を克服すればいいだけだからです。

この危機をもたらしているのは、ご存じのように「人手不足」です。ドライバーが足りず、また作業者が足りないため、物流の運営に支障が出ているのです。

ドライバーが不足しているなら、ドライバーを増加させる環境整備を進める必要があります。同時に、いまいるドライバーの生産性を上げることが喫緊の課題です。作業者が足りなければ、不要な作業を徹底的に排除するとともに、自動化、機械化などを進めるしかありません。つまり、危機克服の方向性は、見えています。

現実に、危機克服の取り組みは着実に進んでいます。そこにおけるキーワードは、「パラダイムシフト」です。パラダイムシフトとは、これまで当たり前のことと考えられていたものの見方や考え方、価値観などが劇的に変化することを言います。簡単に言えば、「これまでの常識を否定する」ということです。

くわしくは本文に譲りますが、現実に、危機克服のために、かつては考えられなかった取り組みが進んでいます。

危機の克服に積極的に取り組む企業と手をこまねいて場当たり的に対処する企業との間には、物流の持続性、安定性という点で大きな格差が生まれるであろうことは、容易に推測できます。顧客の信頼を維持するという点でも、物流コストの水準でも、大きな格差が生じることは明らかです。危機の克服は、まさに先手必勝です。

本書は、それらの取り組み状況を紹介することをねらいとしています。荷主、物流業者、行政における現状の最前線の動きを紹介し、物流が向かっている方向性を描き出そうとしたものです。

荷主も物流業者も行政も、それぞれがどのようなことに取り組んでいるのか、取り組もうとしているのかということを知ることは、自身の取り組みの方向性の正しさを確認するために必要なことです。本書は、その一助となるように構成されています。

いまの物流危機を乗り越えた先には、明るい物流の未来があります。私の独断かもしれませんが、これまでの物流は、決して真っ当な姿ではありませんでした。過剰サービスや理不尽な要求がまかり通っていました。それが、大きなムダを生んでいました。これまでの常識を否定した新たな取り組みが、それらを一掃してくれると思われます。

その意味で、いま先進的な企業で進んでいる取り組みは、物流のあるべき姿を追求しているという点で価値があります。本書で、その価値を実感していただければ幸いです。

最後になりましたが、本書の出版にあたっては、このテーマに賛同いただいた生産性出版の村上直子氏に、多大なご支援をいただきました。この場を借りてお礼申し上げます。

二〇一九年二月

湯浅 和夫

目次

③ 物流のパラダイムシフト

第2章 物流危機に立ち向かう行政・経済界の動き

① 「危機からの脱却」へ舵取りする物流行政

第3章 「運べない危機」克服に乗り出した荷主企業

第4章 変革を迫られる物流業界

❶ 「運賃値上げ」は労働環境改善の必要条件

❷ 物流業界の「働き方改革」が動き出した

第5章 「AI」「IoT」「ロボット」が物流を変える

③ 物流現場で期待されるロボットの活躍

④ 完全無人物流センターを目指す取り組み

第6章 無人化を目指す「次世代型物流センター」

② 顧客の利便性を徹底追求する専門商社
「トラスコ中山『プラネット埼玉』物流センター」

第1章
物流危機の正体

1 物流危機とは「運べない危機」

物流の持続可能性が危ぶまれている

いま、物流の世界は、大変な事態を迎えています。マスコミの世界では、「物流危機」とか「物流クライシス」などと刺激的な言葉が飛び交っています。

また、メーカーの物流担当者の間では、「持続可能な物流」の構築がメインテーマとなっています。物流が持続可能など、ほんの数年前までは当たり前なことでした。でも、いまや「持続可能な物流の維持が困難になっている」という認識が当たり前になってきています。

このような状況をもたらしているのが、物流関係者の間で大きな関心事になっている「ドライバー不足」であることは言うまでもありません。

ドライバーは、トラック輸送の担い手ですから、ドライバーの数がトラック輸送できる量を決めることになります。つまり、ドライバーの数が減るということは、トラック輸送の供給力が落ちるということです。

トラック輸送の供給力の低下は、トラック輸送をしたいという荷主の「需要量」をまかない切れないという事態を生むことになります。ドライバー不足が今後も続くとなれば、荷主にとっては深刻な事態でしょう。「持続可能な物流」に関心が向くのも当然です。

つまり、いま起こっている物流危機は、ドライバー不足に起因する「運べない危機」なのです。そして、深刻な問題は、物流危機の根源であるドライバー不足が今後も確実に続くということなのです。

ドライバー不足は構造的な問題

物流における主要な活動は、何といっても輸送でしょう。工業製品であれ、農産物であれ、生産されたものは消費地に運ばれて初めて商品としての価値が生まれます。その価値を付与している活動が輸送です。

つまり、物流は輸送を根幹とし、輸送に付随する活動として、輸送するものを保護するための梱包という活動が存在します。また、工場から輸送したのでは間に合わないということで配送拠点などが設けられるという形で成り立っています。これら輸送を中心に、それに付

■図表1－1／輸送分担率

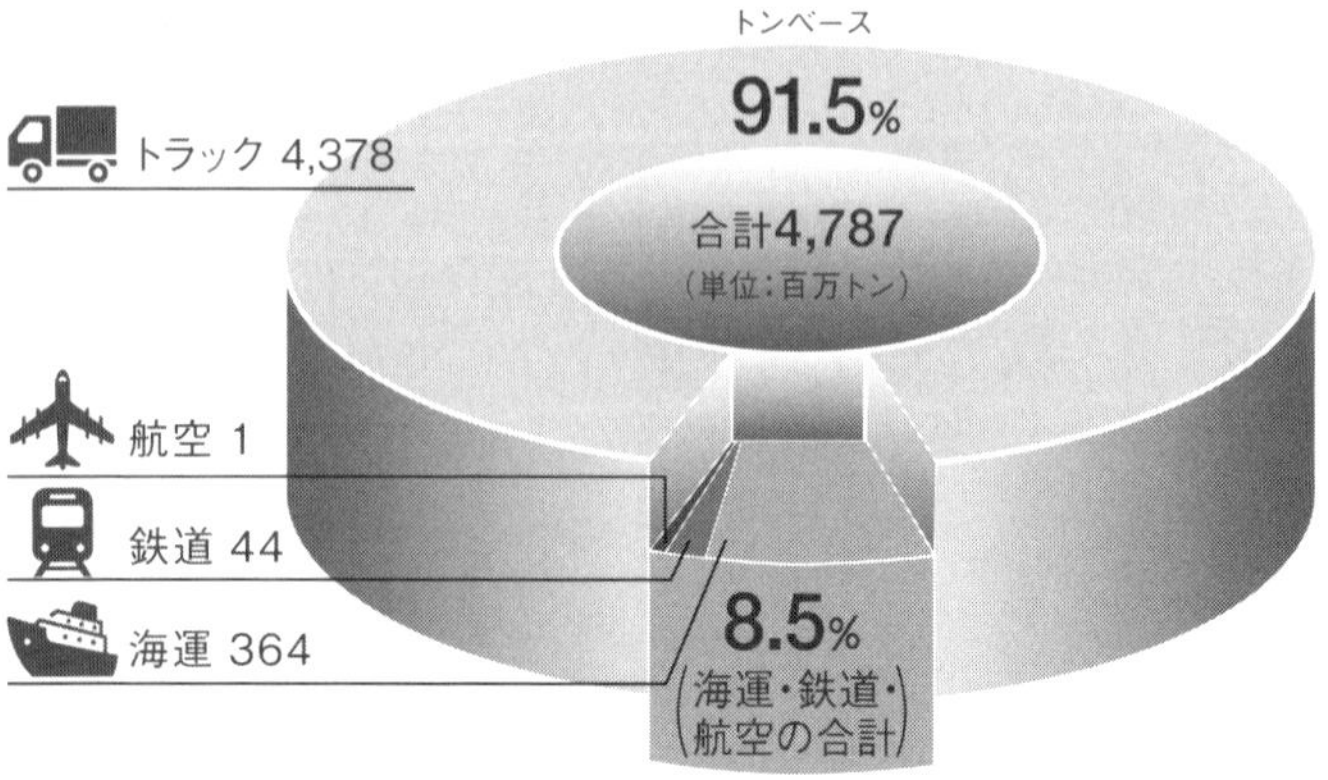

※出所／「数字で見る物流」（2017年度）日本物流団体連合会

帯する梱包、拠点内作業などを総称して「物流」と称していますが、改めて言うまでもなく、物流は輸送を中心としているのです。

その輸送活動の中心的存在が「トラック輸送」です。トラック輸送は、わが国の総輸送量（トンベース）の90％以上を担っています（図表1－1）。特に、顧客への配送においては、ほとんどがトラック輸送です。

トラック輸送においては、自動運転車などが普及しない限り、ドライバーが不可欠になります。そのドライバーが、まさに不足しはじめています。不足は、当然、トラック輸送をしたいという「需要」に対して足りないということです。

ドライバーの数は、年々減っているわけですから、現状の需要量を前提にしても、年々不足して

■図表1－2／ドライバーの年齢区分別構成

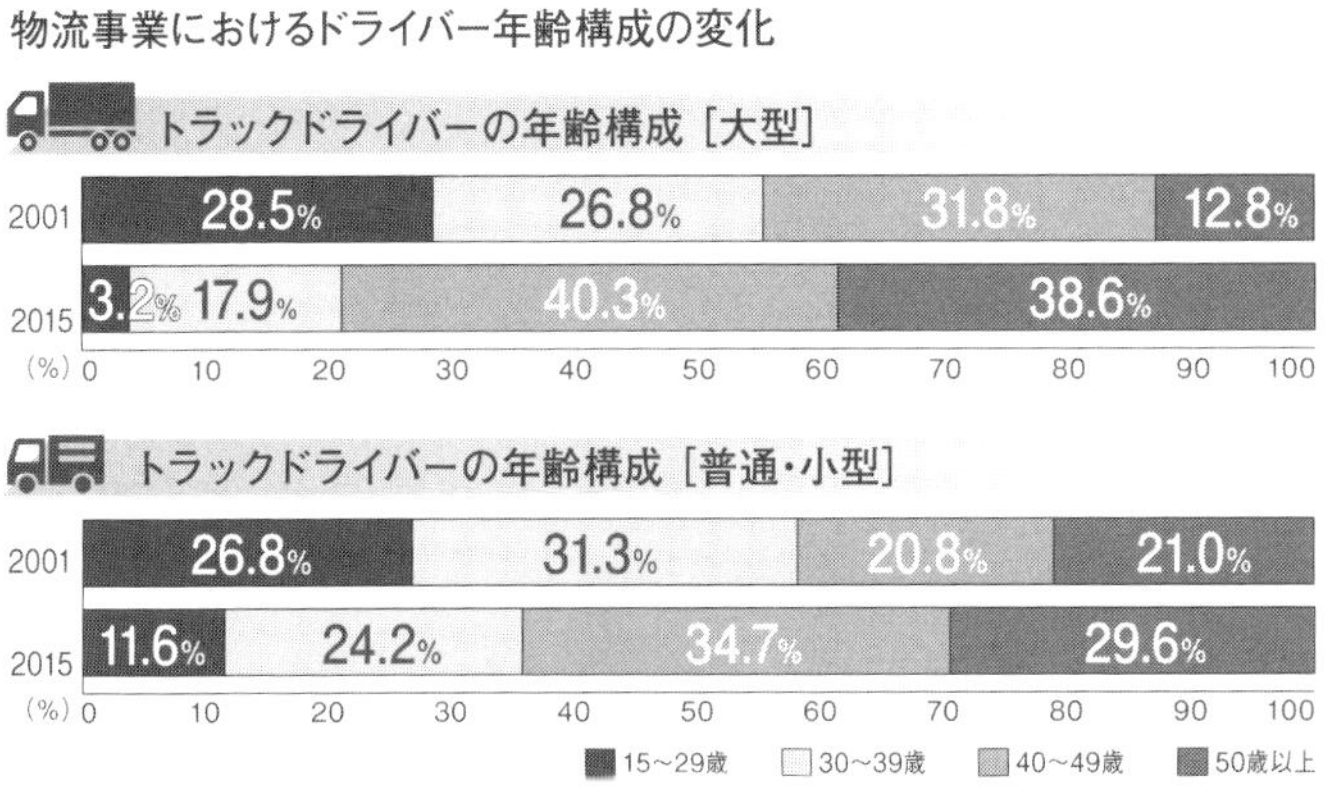

※出所／「物流を取り巻く取り巻く現状について」国土交通（2017年2月）

いきます。需要量が増えれば、その不足感はさらに強まります。その不足状況は、ドライバーの年齢区分別構成（図表1－2）をみると一目瞭然でしょう。

ここでは、ドライバーを「大型車両のドライバー」と「普通・小型車両のドライバー」に区分してありますが、まず大型ドライバーについて2015年度の統計を見ると、いまや50歳以上のドライバーが約39％を占めており、40歳以上で見ると79％にもなります。普通・小型ドライバーで見ても、50歳以上が約30％、40歳以上で64％となっています。

2001年度の構成比と比べると、いかに若いドライバーの参入が少ないかがわかります。わが国は超高齢社会だと言われますが、トラックドライバーにおいては、高齢化が一段と進んでいることがわかります。論理的に言えば、この先、高齢のドライバーが辞めていく分だけ若手のドライバーが参入してくれれば、ドライバーの数は保たれますが、このまま若手ドライバーの参入が滞れば、その分ドライバーの数は減っていくことは明らかです。

現状は、ドライバーになりたいという若者は極めて少ないというのが実情です。この傾向は、今後も続くと思われます。つまり、ドライバー不足は決して一過性の問題ではなく、構造的な問題なのです。

構造的な問題ですから、ドライバー不足は、以前から予見できていました。現実に、10年以上前から、ドライバー不足を心配する声は出ていました。ところが、手をこまねいているうちに、それが現実になってしまったわけです。

手をこまねいているというよりは、ドライバーの世界に人を呼び込むために必要な対策が打てなかったということです。その対策とは、主に賃金水準です。大雑把に言って、ドライバーの賃金水準は、全産業平均の2割低い水準です。ちなみに、労働時間は2割多いというのが実態です（図表1－3）。働く時間が長く、賃金が低いという職業に魅力を感じる若者はいないと言えます。

■図表1-3／ドライバーの労働条件

	所得額	労働時間
全産業	480万円	2124時間
道路貨物運送業 大型	422万円	2592時間
道路貨物運送業 中小型	375万円	2580時間

出所／「物流を取り巻く現状について」国土交通省（2017年2月）

それでは、賃金を上げてやればいいじゃないかという声が出るかもしれませんが、そう簡単にはいきません。そのあたりの状況については、第4章の物流業界の取り組み実態の中で触れたいと思います。

企業活動は運べる範囲でしかできない

さて、改めて言えば、このような構造的なドライバー不足がもたらした事態が、「物流危機」なのです。つまり、「運べない危機」ということになります。

企業にとってみれば、運べなければ売上は実現しません。つまり、荷主にとっては、極めて深刻な事態となるわけです。もはや、たかが物流などと言ってはいられない時代になったわけです。

軍事の世界に「戦略はロジスティクスにしたがう」という鉄則があります。

簡単に言えば、前線の兵士が戦場で必要とする飲食料品、武器、弾薬、医薬品などの物資が届く範囲でしか戦うことはできないということです。いくら立派な戦略を立案しても、物資が届かないのでは戦うことができないので、意味がないということです。

同じことは、企業活動についても言えます。販売に関する戦略や方針、計画は、すべて物流ができる範囲でしか実施しえないということです。まさに「販売は物流にしたがう」のです。その意味で、運べないという事態をどう回避するかが、企業における今日的な大きな課題です。この課題を軽視すると、いくら営業部門が頑張って売っても、届けられないために売上をロスするという事態が起こります。

このようにトラック輸送における供給力の低下は、間違いなく企業活動の足を引っ張ることになります。このことは、わが国の経済発展の足を引っ張ることにもなるということです。いま、行政がドライバー不足対策に躍起になっているのもそのためです。

ところで、このような物流における供給力の低下という状況は、わが国においては、実は歴史上、二度目の出来事なのです。一度目は、もうずいぶん昔の話です。「物流事はじめ」

の時代のことで、１９５０年代まで遡ります。60年以上も前の話ですが、物流に関わる方ならぜひ、記憶に留めておいていただきたい内容ですので、簡単にご紹介したいと思います。

物流の遅れが経済発展を阻害する

１９５０年代と言いましたが、「物流事はじめ」という点で言えば、１９５６年という年を節目の年としてあげることができます。

この年は、日本経済にとっても一つの節目の年だったと言えます。この年の『経済白書』が「もはや戦後ではない」と宣言し、日本経済が新たな成長のスタートを切った年だからです。この「もはや戦後ではない」というフレーズは、当時、流行語にもなりました。

ちなみに、１９５５年から１９７３年10月（第一次石油危機）までの20年弱の時代を「高度経済成長期」と呼んでいます。この間、日本経済は、毎年２ケタの成長が続き、文字どおり活況を呈しました。高度経済成長とは、「明日は今日より確実によくなる」という確信を持てた時代と言われています。まさに、経済成長を実感できたわけです。現実に、国民の生活水準は日々、確実に上がっていきました。

さて、それはいいとして、高度経済成長のはじまりにともなって、一つの大きな課題が浮上してきました。それが、ここで取り上げたい「運べない危機」です。

当時は、国民生活の向上にともなって、消費が活況を呈しはじめました。拡大する需要に対応するため、大量生産が拡大しはじめました。同時に、大量に販売するための態勢が整えられはじめました。ちなみに、大量販売の拠点となる店として、１９５７年にダイエー１号店が、そして翌58年にイトーヨーカ堂の１号店が誕生しています。

このように大量生産と大量販売が現実化してくると、それら両者を結ぶ大量物流のパイプが必要になります。ところが、当時、そのような大量物流のパイプなど存在しませんでした。つまり、大量生産したものを大量販売するところまで「運べない」という事態が浮上しはじめていたのです。

日本生産性本部が「物流視察団」を米国に派遣

当時、運べないという事態をもたらした原因は明らかでした。物流のすべてが脆弱だったのです。物流のインフラ整備は遅れていましたし、荷役はすべて人力で行われていました。

ちなみに、道路の舗装率は、国道でも20％程度で、一般道では10％以下という状況です。長距離輸送の主役は鉄道でした。

こう書いただけで、もう推測がつくと思いますが、当時の物流は時間がかかるだけでなく、運ばれるものの破損や汚損が頻繁に起こりました。舗装されていない道路をトラックが走り、衝撃の大きい鉄道を使うわけですから当然のことです。当時のあるメーカーの調査では、関西の工場から東京に送られてきた製品のうち、約３割は使いものにならなかったということでした。いまでは信じられないことですが、事実です。

このような状況から脱皮し、迅速で品質の高い大量物流のパイプをどう構築するかが当時の大きなテーマでした。この解決に、経済成長の成否がかかっていたのです。ここで注目すべきなのが、日本生産性本部が１９５６年に米国に派遣した「流通技術専門視察団」です。ここでいう流通技術は、いまでいう物流技術のことです。この当時、物流という用語はまだ存在しませんでした。

この視察団の名称からわかるように、物流にかかわる先進的な技術を日本に持ち込んで脆弱な物流を強化しようとしたのです。そのために物流先進国であった米国に視察団を送ったのです。

この視察団は、ねらいどおりの成果を上げました。項目だけ紹介しますと、荷役の機械化、包装の規格化、道路・港湾・倉庫など施設の近代化、鉄道とトラックの協同輸送などについて先進的な技術とノウハウを持ち帰ったのです。これらをベースに官民での物流近代化の取り組みが展開され、運べないという事態は、徐々に解決されていきました。

ちなみに、いま物流諸活動の総称として使われている「物流」という用語は、このとき視察団が持ち帰った「physical Distribution」という用語の訳語として与えられたものです。

ここで、１９５０年代の運べない状況を紹介したねらいは、そこで取り組まれた内容です。ひと言で言えば、パラダイムシフトと言ってもいい取り組みです。それまでの物流についての常識や価値観を一変させたと言って間違いありません。

そして、ここで強調したいのは、物流において二度目のパラダイムシフトが、いま起こりはじめているということです。つまり、ドライバー不足を解決するための方策は、これまでの延長線上にはないということです。

その内容については、本書で紹介していきますが、いま物流で劇的な変化が起こりはじめているという認識を持つことが「持続的な物流」への第一歩だと言っておきたいと思います。

❷ 運べない危機を克服する処方箋

「ドライバー不足」解決の糸口となる5つの対策

ここでは、ドライバー不足に起因する「運べない危機」を克服する取り組みについて、その大枠を見てみたいと思います。

ドライバー不足対策としては、次のように大きく5つの対策があります。

①若手ドライバーの参入を増やす
②いまいるドライバーを有効活用する
③トラック輸送から他の輸送モードに転換する
④自動運転トラックの実用化を進める
⑤地産地消体制に切り替える

これらのうち①の若手ドライバーを増加させるという対策は、トラック輸送業者の取り組みと言えますが、現実には大きな成果は見込めていません。ただ、今後も継続して取り組むべきテーマには違いありません。これについては、第4章でふれることにします。

②のいま現実に存在するドライバーを有効活用するという取り組みは、実は、ドライバー不足対策として最も有効で、効果の大きいものです。この本の柱を成す取り組みです。これは主に、荷主主体の取り組みになります。なお、人であるドライバーを有効活用するという表現は適切ではありませんので、これ以降、「トラックの有効活用」という表記に替えますが、意味は、ドライバーの時間を浪費しないということです。

③は、いわゆるモーダルシフトと言われる取り組みです。ドライバー不足の抜本的な対策とは言えませんが、補完的な取り組みとして有効です。これは荷主、物流業者ともに取り組むべきテーマです。

④の自動運転トラックの実現は、まだ現実のものにするには時間がかかりますが、大いに期待したい取り組みに違いありません。少なくとも、高速道路での自動運転化が実現できれば、長距離トラックのドライバー不足には大きな効果を発揮します。この取り組みは、いま行政が力を入れています。

最後の地産地消ですが、実は、ドライバー不足対策としては極めて大きな効果を発揮します。これは簡単に言えば、工場分散です。一定の消費エリアごとに工場を作って、そこからエリアの消費者に商品を供給するというものです。長距離輸送はなくなりますし、物流センターも不要になります。ただ、一定地域ごとに工場を配置することが、採算的に可能かどうかがポイントになります。

トラックの有効活用を見る３つの指標

これらの取り組みについては、本書でくわしく見ていきますが、本書のメインテーマである対策②のトラックの有効活用に関して、知っておいて欲しい管理指標があります。これらの指標を見れば、トラックの有効活用のために何をすればよいかがわかるからです。

物流業界においては常識的な指標ですが、荷主の物流担当者にとっては馴染みのないものかもしれません。ドライバー不足対策にとってベースとなる指標ですので、ここで、その内容を説明しておきたいと思います。

トラック輸送関係の指標として、よく知られているのが、次の３つです。

①実車率
②積載率
③実働率

これらを高めることは、トラック輸送業者の収入が上がるという意味で、トラック輸送におけ
る生産性指標と言われていました。当然、その向上に向けた取り組みは、トラック輸送業者の自助努力で行われてきました。

ところが、いまこれらの指標が注目を集めるのは荷主主導で、これらの指標を高めるという取り組みが起こっているからです。当然、荷主側にコスト削減効果ももたらしますが、それ以上にトラックの有効活用に大きな効果があるからです。

先ほど見たように、ドライバー不足は、荷主にとって深刻な問題です。そこで、自社における「運べない危機」を回避するために、自社に関係するトラックをいかに有効活用するかに力が注がれているわけです。

そして、荷主が動くことで、これらの指標は劇的に改善されます。あえて言えば、トラックの有効活用は、荷主にしか取り組めない対策であると言っても過言ではありません。その

際、管理指標として上記の指標を活用することで有効な対策を打てることになります。
以下で、指標の解説とともに、その意味を説明していくことにしましょう。

実車率を向上させる――他社との連携が急務

トラックの有効活用という点で極めつきのムダは、トラックの空車走行であることは言うまでもありません。簡単な例で恐縮ですが、たとえば東京から大阪まで荷物を運んで、復路を空車で帰ってきたとすると、荷物を載せて走った（これを「実車」と言います）割合は50％です。何とも、もったいない話です。

この実車で走った割合を示す指標が「実車率」と呼ばれるものです。式は、「実車キロ／走行キロ×１００」で計算されるため、この例で言えば、実車率が50％となるわけです。

さて、このようにトラック輸送業者が自助努力で帰り荷を探せなければ、実車率は50％のままですが、東京発の荷主が、大阪から東京に荷物を運びたいという荷主を探して共同運行を実現できれば、東京発のトラックは、往復実車になります。実車率は１００％です。

これまでは東京発のトラックと大阪発のトラックの２台が走っていましたが、これらの荷主が共同することで1台のトラックですむことになります。その結果、1人のドライバーの時間を節約できます。このドライバーは、他の輸送で活用できるということです。

このような複数の荷主で往復輸送を実車にする取り組みは、これまでも多く見られましたが、実車率を高める取り組みは今後も積極的に展開されていくと思われます。

実車率の向上は、トラックの有効活用に大きく貢献することになるからです。実際に、荷主が積極的に展開していくという動きが、いま顕著に起こっています。

結論を先に言えば、ドライバー不足対策の根幹は、同業種あるいは異業種他社との「連携」にあります。これからの物流を考えるキーワードが「連携」であることは認識しておいてください。もはや、自社単独でドライバー不足に挑むことはできません。この「連携」が、物流にパラダイムシフトを起こしているのです。

積載率を向上させる――わが国の積載効率は40％強

最近、「連携」の主要なテーマとして共同配送への取り組みが多く見られます。その詳細は、第3章の荷主動向のところで紹介しますが、この取り組みにかかわる指標が「積載率」です。

簡単に言うと、トラック出発時に荷台にどれくらいの荷物が積まれているかを見たものです。式は、「輸送トン数／最大積載可能トン数×１００」となります。

話をわかりやすくするために簡単な例を出してみましょう。

いま5社の荷主が、同じ納品先に5台のトラックでそれぞれ配送していたとします。これらのトラックが2トン車で、それぞれ１・４トンの荷物を運んでいたとすると、積載率はそれぞれ70％になります。これがスタートです。

もし、ここで共同配送が実現すると、トータルの配送量は7トンなので、２トン車４台で運べることになります。この場合、積載率は88％となります。つまり、共同化して積載率を上げたことで、トラック１台が節約できたのです。そうすることで、ドライバー１人を他の仕事に回せることになります。

このように共同配送の効果は、既存の配送車両の積載率を見れば、どれくらいの効果が期待できるかわかるということです。積載率を上げればトラック台数を減らすことが可能になります。そこで共同配送という取り組みが出てくるのです。いま実車率と積載率という二つの指標を見ましたが、ドライバー不足対策を意味あるものにするために有効な指標であることは、理解いただけたと思います。

ちなみに、国土交通省が、わが国の積載効率は40％強に過ぎないというアピールを盛んにしています。ここでいう積載効率とは、実車率に積載率を掛けたものとみてください。その計算で使われている実車率は67％で、積載率が60％です。掛ければ40％になります。

つまり、国土交通省の「積載効率は40％強に過ぎない」というアピールは、トラック輸送の約60％は使われていないので、ここを有効活用しようという主張です。この主張に間違いはありません。荷主としても、積極的に実車率、積載率の改善に取り組むべきです。

そのためには、自社で使っているトラックのこれらの指標を把握することが必要です。自社の輸送の実車率も積載率も知らないということでは、ドライバー不足対策に後れを取ることは明らかです。

実働率を向上させる——トラックの回転数アップが必要

管理指標として、もう一つ「実働率」というものがありますが、これは、荷主とは無縁の指標です。トラック輸送業者が持っているトラックのうち、どれくらいのトラックが稼働しているかを見る指標だからです。

１００台のトラックを持っているとして、平均して常時90台しか動いていなければ、実働率は90％です。これを上げるためには、その業者が新規の荷主を獲得するしか手はありません。トラックが遊休化しているとしても、決してドライバーが遊休化しているわけではありませんので、実働率についてはこれ以上ふれません。

ところで、トラックの有効活用という点で、どうしても見逃せないことがあります。それは、ドライバーの労働時間です。トラック輸送は言うまでもなく、荷物を輸送するために存在します。

トラックが停滞しているという時間は、明らかにムダな時間です。荷物の積み降ろしに必要な最低限の時間は許容されますが、それ以外のトラックが動いていない時間は排除すべき対象です。トラックが足りないという中で、トラックをいかに有効活用するかがいま問われているのです。

トラックの稼働分析という点では、以下の二つがポイントになります。

① １日当たり稼働時間

② 稼働時間のうちの走行時間割合

これらのうち①の「1日当たり稼働時間」というのは、発荷主の物流センターや倉庫を出発して、納品して、戻ってくるまでの時間です。つまり、1日のうちトラックが仕事をした時間です。

たとえば、午前中に仕事が終わってしまって、午後は遊休化してしまうのでは、もったいない話です。自社では運ぶ荷物がないというなら、他社との共同化で有効活用できないかという検討が必要なのです。

つまり、トラックを2回転、3回転させる取り組みが、いま求められています。

また、②の「稼働時間のうちの走行時間割合」がどれくらいかを知ることも重要です。その割合が低いということは、荷積み、荷卸し、あるいは待機時間が多くあるということです。トラックは、運ぶために存在するものですから、停車している時間は最小限にして、荷物を運ぶ機会を増やすことが肝要です。

荷積み、荷卸しに時間をかけない、待機をさせないという対策を講じることで、トラックを効率的に使えることになります。ドライバーに運転以外の時間を多く費やさせることはあってはならないことです。

これまでは恐らく、このような時間を調査したことはないと思いますが、いま国土交通省では、「貨物自動車運送事業輸送安全規則」において、荷待ち時間をドライバーの乗務記録の記載対象として義務づけています。そのねらいは、「そのデータを元にトラック事業者と荷主の協力による改善への取り組みを促進するとともに、国としても荷待ち時間を生じさせている荷主に対し、勧告等を行うに当たっての判断材料とすることを目的とする」としています。

荷主としても、ドライバーの時間を浪費させないという視点から、ドライバーの労働実態を時間ベースで把握し、入場してきたトラックをいかに迅速に出場させるかという取り組みを促進することが喫緊の課題です。自社における運べない危機を回避する対策として、この取り組みは大きな意味を持ちます。

これまで見たように、トラックを有効活用し、ドライバーの時間を浪費させないことは、荷主にしかできないものです。これらの取り組みが、持続的な物流を確保するための有効な方策であることをもう一度、強調しておきたいと思います。

3 物流のパラダイムシフト

物流事はじめ――「物流管理部門」がローコスト化を追求

先ほど「物流事はじめ」の時代の話をしましたが、その後の物流管理の変遷について、ここで振り返ってみたいと思います。この変遷を知ることで、いま置かれている物流の状況を理解するのに役立つと思われるからです。物流についてほとんど知識がないという方は、物流を理解する一助としてください。

日本生産性本部の視察団が、物流にかかわる技術、ノウハウを持ち帰り、それをベースに物流の近代化が着々と進められたことはすでに紹介しましたが、注目すべきことは、そのとき同時に持ち帰った「physical distribution」という概念です。これは、物流諸活動を総称した概念だと言いましたが、実は、単なる総称ではなく、「統合管理概念」だったのです。

簡単な例を出してみましょう。たとえば、輸送費を取り上げると、コスト的に最も望ましいのは大量輸送です。ただ、大量に送り込んだ結果、着地では、送った在庫を保管するという機能が必要になります。そこでは保管に関わるコストが発生してしまいます。つまり、大量輸送で実現したローコストは、実は保管コストという新たなコストを生んでいるのです。物流というトータルで考えると、決して大量輸送が望ましいとは言えません。

ところが、当時は、輸送、保管などはそれぞれ別の部門が担当しており、トータルでコストがどうなるのかという全体最適の視点で管理するという考えはありませんでした。そこで登場したのが、「physical distribution」という用語で持ち込まれた統合管理概念だったのです。

この管理を行うために設置されたのが、物流諸活動を統合的に管理する「物流管理部門」でした。この部門のねらいは、個別最適を排し、物流をトータルコストで最小化することを役割として課された部門でした。この部門の設置が、物流管理のはじまりです。１９７０年前後から、多くの会社で物流を管理する部門が誕生しましたが、この動きを一気に加速させたのが、１９７３年の「第一次石油危機」でした。

それまでは高度経済成長の中で企業は、物流のインフラ整備に力を入れてきましたが、この石油ショックで高度経済成長は終焉を迎え、一気に不況に突入しました。ここから物流管理は、ハード面の整備から物流コスト削減を目指した取り組みに大きく方向転換しました。

ちなみに、「physical distribution」という言葉は、当初「物的流通」と訳されておりましたが、

70年頃から、それを略した「物流」という言葉に変わり、いまに至っています。

安定成長期からバブル崩壊へ――販売競争手段として注目された物流

物流コスト削減は、それまで物流については誰も管理していないという状況でしたので、目に見えるムダが多くあり、それらを排除するという取り組みで大きな効果を実現しました。ただ、70年代後半から80年代にかけて経済が安定的に推移するようになると、コスト削減という思考は薄れていきます。代わって台頭してきたのが、物流サービスで競争するという考え方です。販売競争の手段として物流サービスが位置づけられたのです。

その結果、短納期化、多頻度小口化が進展し、流通加工という名のもとに本来顧客側がやるべき作業が供給側の物流サービスとして押し付けられてきました。客観的に見れば、明らかに過剰と思われるサービスが、当たり前のサービスとして定着してしまったのです。

当然、物流コストは上昇しますが、売上が伸びているため、誰も気にしなかったというのが当時の状況です。このような過剰な物流サービスは、現在に至るまで続いています。付言すれば、この物流サービスにいま抜本的なメスが入ろうとしているのです。

わが国の経済は、その後、80年代末にバブル期と呼ばれる過熱状態に入り、90年代初頭にバブル崩壊が起こります。これ以降、再び物流部門にコスト削減要請が強まります。ただ、景気が低迷すると、競争上の顧客サービスが重視されるため、過剰な物流サービスはそのまま維持されるという状況が続きました。

なお、1990年に規制緩和の流れを受け、「物流二法」という法律が施行されました。物流二法とは平成元年に成立し、翌年に施行。「貨物自動車運送事業法」と「貨物運送取扱事業法」があります。それまで免許制であったトラック輸送業が許可制に変わりました。運賃も認可制から事実上の自由運賃に変わりました。許可制は、一定の条件を満たせば参入を許可するという制度ですので、トラック輸送業への新規参入が増え、トラック輸送業界は過当競争の時代に入ったのです。

ドライバー不足という流れ――「運賃の値上げ」は必然

バブル崩壊後の不況の中で、対売上高物流コスト比率は上がっていきました。売上は落ちているのに、物流コストは売上と比例して下がるという構造になっていなかったからです。

物流コストは、固定費的な部分の割合が高かったせいです。

このような中で、もちろん、物流の仕組みを変えたり、在庫を減らしたり、生産と販売を調整することで、物流の量を減らすなど正攻法の取り組みでコスト削減に取り組んだ企業もありましたが、少なからぬ企業が、この苦境を脱するために運賃に目をつけたのです。

トップからの再三にわたるコスト削減要請に応えるために運賃の値引きを要求したのです。トラック輸送業界は、過当競争の状態ですから、競争は価格競争になっていました。そこに目をつけ、一方的に値引きを迫ったり、アウトソーシングという美名のもとにコンペで値引きを迫るという事態が、日常茶飯事的に起こりました。

このような流れが最近まで続いてきたのです。過剰な物流サービスが幅を利かせる、運賃値引きを物流コスト削減の原資とするという流れです。

さて、簡単に端折り過ぎたかもしれませんが、企業の物流は、このような流れで今日に至ります。そして、ここ数年、この流れを一変させるような事態が発生しています。それが、ドライバー不足です。ドライバー不足に起因して、まず起こったのが「運賃の値上げ」です。

新聞紙上で取り上げられ、話題を呼んだのがヤマト運輸の「宅急便」の値上げです。それに続く形で日本通運など大手の物流業者が値上げ表明をしました。その結果、運賃をはじめ物流諸料金の値上げの流れができあがったと言えます。この流れは、今後も続くと思われます。

ところで、客観的な立場で発言させてもらえれば、実際のところ、「値上げ」というよりも、これまで荷主との力関係で引き下げられていた運賃を「妥当な水準」に戻そうという動きと見るのが当たっていると思います。もちろん、荷主を批判しているわけではありません。運賃や諸料金は、荷主と物流業者との間の取引関係の中から決まるわけですから、物流業者のサービスに特に差別化するものがなければ、それらは、結局、需給関係で決まります。

かつては、トラック輸送業者の新規参入が多く、荷主優位の関係の中で価格が決まってきました。ですから、必然的に運賃などは、低めに抑えられてきました。前にもふれましたが、荷主の中には、自社のトップから「物流コストを下げなさい」と言われ、トラック運賃を叩くことでコストを下げるという、何とも無策な担当者も少なからずいました。

ところが、荷主と物流業者との関係は明らかに変わってきています。ドライバー不足に起因して、トラック輸送の供給力が低下し、需給関係が逆転したからです。結果として、必然的に運賃は上がります。かつては、「運賃値上げ」を申し入れると、「仕事を切られてしまうのでは？」という不安が物流業者にはありましたが、いまは、そんな状況ではありません。

ドライバー確保のためにも、ドライバーの賃金を上げることは最低限の対策です。原資は荷主から収受する運賃にあるので、妥当な利益を含めて、堂々と値上げ要請をすべきです。

トラックの運賃のみならず、センター内作業費など物流関係の価格は今後も値上がりしていくことは間違いありません。荷主にとっては、必然的に物流コストが上がります。それにどう対処するかは、荷主の物流担当者の仕事です。いずれにしても、もはや、これまでの常識は通用しません。まさにパラダイムシフトが起こっているのです。

荷主と物流業者の連携はできない——荷主同士の連携が有効

ここで、荷主とトラック輸送業者を含む物流業者との関係をもう少し見ておきましょう。きれいごとは言わず、本音で話したいと思います。

先ほど、「連携」をベースとした荷主の取り組みについて少しふれましたが、これに対して、荷主ばかりいい思いをして、結局、物流業者は泣きを見るんじゃないかといった穿った見方が出るかもしれません。

たしかに、かつての常識ではそうでした。取引はすべてそうですが、荷主と物流業者との間でも、利害が相反する関係にあります。ですから、荷主の、特にコスト削減に向けた取り組みは、物流業者にとって見返りがないというのが当たり前でした。見返りがないどころか、物流業者の収入が減ってしまうわけです。

ただ、これは必然的なことです。荷主の物流コスト削減は、運賃などの支払い額を減らすことですから、当然、物流業者の収入は減ります。もともと、そういう関係なのです。

ときどき、荷主の物流担当者から「うちの物流の合理化策を提案してくれと物流業者に言っているけど、まったく出てこない。そういう能力がないんでしょうか」などという声を聞きますが、能力の問題ではありません。荷主の合理化は物流業者の収入減ですから、誰も出したくはありません。だいたい、自社の物流合理化は自分で考えなさい、ということです。能力がないのは、そんな要求をするあなただと嫌味を言いたくなります。

それはいいとして、たまに「荷主と物流業者は連携していい関係を作るべきだ」という意見が出ますが、これは間違いなく空論です。利害が反する取引関係において連携はありえません。連携というのは、Win-Winの関係です。取引関係にある企業同士でこれはありえません。

荷主同士の連携は、お互いにメリットがあるから成立するのです。荷主同士でメリットが出ても、そこにおいて物流業者は、ここまで述べたように、WinではなくLossを被ることが少なくありませんでした。ただ、それはかつての話です。

いま荷主が積極的に取り組んでいる荷主同士の連携は、これまでとは様相が異なります。それは、物流業者もWin-Winの関係の中に位置づけることができるということです。それは、いま取り組まれている連携のねらいが、ドライバー不足対策にあり、ドライバーの時間の浪費を排除する、あるいは、これまで2人のドライバーが行っていた輸送を1人でできるようにして、1人分のドライバーの余力を生み出そうという取り組みだからです。

このような取り組みは、かつては存在しませんでした。荷主からすれば、ドライバー不足が言われる中で、自社の運べない危機を回避するための思い切った取り組みと言えます。物流業者との関係強化と同時に、自社の物流コスト上昇の抑制をねらったものです。

さて、ここで大きな意味を持ってくるのが、物流業者のスタンスです。このような環境変化の中で、「また収入が減ってしまう」などと言っているようではダメです。トラックの供給力が落ちているということは、裏を返せば、新規業務はいくらでもあるということです。そして、新規業務は、市場相場での運賃収受ができるということです。当然、既存の仕事の運賃よりは高いはずです。

また、最近、ドライバーの労働時間管理が厳しくなっています。その内容は、第4章で解説しますが、問題なのは、ドライバーの拘束時間は、物流業者自身ではコントロールできないということです。輸送は、事故や渋滞などを除けば、すべて荷主の都合によって決められるからです。かつては、荷積み、荷卸し時の待機やバラ作業、パレットの積み替えなど時間を要する作業について荷主に改善を申し入れても、聞く耳持たずの対応だったと思います。

そのような時間の浪費を排除しようという荷主主導の取り組みは、物流業者としては歓迎すべきです。逆に、そのような取り組みをしてくれない荷主には、待機料金や作業料金などを請求すべきだということです。いまそれを積極的に推進しようとしている国土交通省の強力な後押しをどんどん利用すればいいのです。

明らかに時代は変わっています。これまでの荷主との関係についての常識は、もはや過去のものです。いまでは通用しなくなっています。かつて経験した荷主との嫌な記憶、トラウマなどは、一切捨て去って、物流業者としての立ち位置を新たに構築することが望まれます。

そのためにも、物流業者には、いま起こっている荷主の動きを自分のメリットに替えるという前向きな考え方が求められます。荷主と文字どおり対等な立場で向き合い、主張し合って、妥当な取引条件に至るという、本来のビジネスライクな関係を築くことが期待されます。まさにパラダイムシフトが起こっているのです。

第2章

物流危機に立ち向かう行政・経済界の動き

1「危機からの脱却」へ舵取りする物流行政

物流危機に切り込む国土交通省答申

２０１５年12月、「危機を乗り越え、自ら変わる、日本を変える」というサブタイトルを冠して、国土交通省の審議会答申『今後の物流政策の基本的な方向性等について』が公表されました。

この答申でわが国の物流は、「いまや危機的な状況に直面している」という現状認識からスタートし、「物流が止まることは日本経済や国民生活を動かし続ける血液が止まる状況と同じである」と断じています。

ここでいう「危機的な状況」とは、言うまでもなくドライバー不足に起因する「運べない危機」のことです。この危機を放置すれば、経済成長の足を引っ張り、国民生活にも多大な影響を与えかねないとの認識から、危機の打開を柱とした政策を展開することを宣言したのです。

その政策の柱となるのが、「物流生産性革命」です。これはドライバー不足を回避するために、トラックのムダな使い方を排除して、その生産性を上げることが重要だという認識をベースにした取り組みを言います。そこで強調されている考え方が、荷主同士が連携して、あるいは荷主と物流事業者が協力して、トラックの有効活用を進めるべきだという点です。答申の中で示されている施策を例示すれば、次のとおりです。企業の物流を考えるうえで、参考になる取り組みと言えます。

①　輸送需要の波動パターンが異なる荷主同士が連携すべきである
②　配送時間帯を見直して1日の時間帯の中で、トラックの有効活用を図る発着荷主の連携が必要である
③　保管と輸送の円滑な接続によるトラックの手待ち時間の解消が必要である

これらは、すべてトラック利用におけるムダの排除をねらいとしています。①と②は、複数の荷主でトラックを共同利用せよという例示であり、③は、トラックが動かない「待機」という最大のムダを解消するために発着荷主が連携せよという例示です。これまでの国土交通省の答申と比べ、かなり踏み込んだ内容になっていて、物流危機を克服するために、行政

が自らリーダーシップをとるという覚悟が感じられます。その意味で、この答申はかなり画期的な内容を持っていると言えるでしょう（興味のある方は、次を参照してください）。

「今後の物流政策の基本的な方向性等について（答申）」
http://www.mlit.go.jp/common/001114704.pdf

「物流危機」克服への施策――「総合物流施策大綱」

物流危機を克服するために注目すべき施策として、「総合物流施策大綱」というものがあります。これは行政が関係省庁の連携のもとに総合的・一体的に物流政策を展開することを目的に、5年ごとに策定される物流に関する国の中期計画です。

その最新版が、2017〜2020年までの、今回は4年分の計画として策定されました。「第6次総合物流施策大綱」（以下、「大綱」と略称します）と呼ばれるもので、2017年7月に閣議決定されました。合わせて、計画を実現していくための具体的なアクションを綴った

「総合物流施策推進プログラム」も公表されています（くわしくは、次を参照）。

> 総合物流大綱（2017～2020年度）
> http://www.mlit.go.jp/common/001195175.pdf

この「大綱」の特徴は、ドライバーや作業者など深刻な人手不足による物流危機を前提に提言がなされているという点でしょう（図表2－1）。

こうした人手不足の解決策にも具体的にふれているという意味で、興味深い提言がなされています。そのポイントを説明すると、一つが「連携」であり、二つめが「透明化」、三つめが「新技術（IoT、ビッグデータ〈BD〉、AI）」です。これらにより、物流のムダを徹底的に排除して、物流を含んだサプライチェーンの最適化を図ろうとするねらいがあります。

まず強調されているのは「連携」です。その背景には、今日の物流危機は、企業が単独で克服することは不可能だという認識があります。トラックの有効活用は、発荷主単独でも物流業者単独でもできません。トラックの積載率を上げたり、空車回送をなくすためには、他の企業との連携が不可欠です。

そこで、発荷主と着荷主、荷主と物流業者、物流業者同士、同業あるいは異業種の荷主同士の連携・協力の必要性を強く訴えているわけです。こんな中で中心課題となるのが、発荷主と着荷主の連携でしょう。物流にかかわる取引条件の見直しが迫られているのです。納品にかかわる頻度やリードタイム、取引のロットなどの是正が主要なテーマになります。

不透明な商慣行の見直しをしよう

二つ目の「透明化」は、荷主と物流業者との間の取引慣行の見直しを迫る内容です。その前提には、物流業界における不透明な取引慣行の是正を図らなければ、物流危機の克服はできないとの認識があります。

そこで、「これまでの取引慣行を見直し、サービス内容の可視化とそれぞれの対価との関係を明確化し、健全な市場メカニズムが機能する環境を整える必要がある」と主張しています。

なぜ、このような提言がされているのでしょうか。

その背景には、トラック運送業界独特の事情があります。「大綱」では、この事情について端的にまとめた記述があるので紹介します。

■図表2－1／総合物流施策大綱「提言」のポイント

つながる サプライチェーン全体の効率化・価値創造に資するとともにそれ自体が高い付加価値を生み出す物流への変革～競争から共創へ～

(1)連携・協働による物流の効率化
(2)連携・協働を円滑化するための環境整備(スマートサプライチェーンの構築に資する環境整備)
(3)アジアを中心としたサプライチェーンのシームレス化・高付加価値化

見える 物流の透明化・効率化とそれを通じた働き方改革の実現

(1)サービスと対価との関係の明確化を図る
(2)透明性を高めるための環境整備を進める
(3)付加価値を生む業務への集中・誰もが活躍できる物流への転換

支える ストック効果発現などのインフラの機能強化による効率的な物流の実現

(1)モーダルコネクトの強化などによる輸送効率向上
(2)道路・海上・航空・鉄道の機能強化
(3)物流施設の機能強化
(4)物流を考慮した地域づくり

備える 災害等のリスク・地球環境問題に対応するサスティナブルな物流の構築

(1)災害などのリスクに備える
(2)地球環境問題に備える

変化する 新技術(IoT、BD、AI等)の活用による、「物流革命」

(1)IoT、BD、AIなどの活用によるサプライチェーン全体の最適化
(2)隊列走行および自動運転による運送の飛躍的な効率化
(3)ドローンの物流への導入による空の産業革命
(4)物流施設での革新的な生産性工場と省力化
(5)船舶のIoT化・自動運航船

育てる 人材の確保・育成、物流への理解を深めるための国民への啓発活動など

(1)物流現場の多様な人材の確保や高度化する物流システムのマネジメントを行う人材の育成など
(2)物流に対する理解を深めるための啓発活動

※出所／国土交通省資料より著者作成

「トラック運送業界は、他産業と比べて長時間労働・低賃金の傾向が強いが、背景として、①荷主と比べて立場が弱く、長時間の荷待ち時間が慣習化している、②電話や口頭での運送依頼が多く、契約書面化が進んでいない、③階層構造が複雑なため契約内容が末端まで伝わりにくいことなどから、現場では契約に含まれていない附帯業務の実施を断りにくい、また、荷主がその事情を把握しきれていないといった商慣習上の課題がある」

このような業界事情を放置したままでは、物流危機の克服も物流の持続的な発展も望めないことは明らかです。そこで、このような状況を打破しようと行政も積極的に動いているのです。輸送にかかわる「運賃」と輸送に附帯して発生する業務にかかわる「料金」とを区分して対価を収受する方法の提示、契約の書面化の推進、荷主勧告制度の運用強化などの施策がそれですが、これらについては第4章において物流業界における新しい動きとして紹介します。

新技術の積極的な活用で物流を変える

「大綱」では、IoTやビッグデータ、AIなどを「新技術」と呼び、それらを活用して物流革命を推し進めようという方向性が示されています。新技術を「物流を革命的に変化させる道具」として位置付けているのです。

これら新技術の動向については、第5章でくわしく解説することにします。そのためここでは、「大綱」における提言内容を簡単に紹介するにとどめますが、ＩｏＴやビッグデータ、ＡＩなどの新技術が、ドライバーや作業者不足という物流危機に合わせたかのように登場したというのは、あたかも「見えざる手の為せる技」と言っても過言ではないように私には思えます。

さて、新技術の第一番にあげられているテーマが「サプライチェーン全体の最適化」です。これについて「大綱」では、「製・配・販の連携において、小売事業者が保有する膨大な販売データのメーカーおよび卸売事業者との共有、気象データなどをＡＩ解析した需要予測の製・配・販での共有、ＲＦＩＤの活用等により、サプライチェーン全体を最適化・効率化し、在庫日数、欠品件数や輸送コストを削減することができる」と指摘しています。

少々わかりづらい文章ですが、要するに、販売データや気象データをＡＩによって解析することで需要予測を行い、ＲＦＩＤ（電波を使いＲＦタグのデータを非接触で読み書きするシステム）で実際の出荷・在庫情報をつかみ、それら両者を分析し、生産指示や在庫補充指示を行おうというものです。基本的にすべて人間を介さずに行います。

これまでは人間が取れる範囲のデータの中で、生産指示や在庫補充指示を行っていました。しかし、十分にデータの解析ができないこと、人間がやっているため、最後は自分の経験や恣意的な判断が優先されてしまいがちなことなどから、在庫の過不足や欠品が生じたり、在庫補充のためのムダなトラックの運行が発生していました。このようなムダを新技術でなくすことが期待されているわけです。

新技術の活用は、これ以外に自動運転や隊列走行、ドローンの導入、船舶の自動運航など省力化の道具としての活用が期待されています。ドライバー不足や作業者不足対策として新技術の活用は大きな切り札になると言えるでしょう。これらの三つのキーワードに沿って、「第6次総合物流施策大綱」について説明してきましたが、物流危機という状況下で提示されただけあって、物流の実務家にとっても大いに参考になると思います。

「改正物流総合効率化法」の優遇措置ですすむ連携

物流危機克服のために「連携」が柱になることは明らかです。課題は、それをどう実現させていくかということで、そこがなかなかうまくいかず、各企業は頭を悩ませているのです。
そもそも連携とは、一つの目的のために複数の企業が協力し合って取り組むことを言います。この場合、連携することでマイナスが生じる企業が出たりしたら、まったく成り立ちません。自社が損をしてまで連携するなどありえないからです。連携の実現には、文字どおりWin-Winの関係が成立することが条件になります。

では、どんな連携が望ましいのでしょう。

望ましい姿は、物流危機の克服という点で意気投合した担当者同士が取り組むということです。第3章で紹介しますが、現実にそのような形の連携も動いています。企業の担当者にとって、これまで経験したことのない取り組みであるため、そうしたくても、最初の一歩を踏み出せないという状況にあることも事実です。

そのような状況の中で、明るい兆しと言えるのが、行政が連携を後押ししようという法律が生まれたことです。それは、「改正物流総合効率化法」と呼ばれる法律です。「改正」とあることからわかるように、もともと「物流総合効率化法」という法律がありました。2005年10月に施行された法律で正式名称は、「流通業務の総合化及び効率化の促進に関する法律」と言います。

この法律は、物流業務の効率化に資する取り組みを行おうとする物流施設計画を国が認定するというものでした。つまり、大規模な物流施設を作り、輸送網の集約、輸配送の共同化、モーダルシフトなどを行うという事業が対象になりました。

この認定を受けると、法人税や固定資産税などの減免、市街化調整区域などでの開発許可、各種経費補助などの支援が提供されるため、少なからぬ企業が活用していました。

そして、今回、この法律が改正されたわけです。

改正のポイントは、認定要件として「2以上の者の連携」による流通業務の省力化、物資の流通にともなう環境負荷の低減を図るための物流効率化の取り組みを支援するという追加がなされました。この追加で、それまでの法律の要件であった「一定規模の物流施設を中核とする」ことを求めないことになったのです。

つまり、改正のねらいとして、労働力不足に本格的に対応して欲しいとの行政の思いがあるわけです。その促進を法律で支援しようというのが「改正物流総合効率化法」です。税制面・資金面で優遇措置があるのですから、積極的に活用すべき制度と言えましょう。

ちなみに、その認定件数は、改正前は年間20～30件前後でしたが、改正法施行から2017年度末までの1年半の認定件数は81件となったそうです。連携支援という点では、有効に機能していると言えそうです。

「物流平準化」セミナーで示された国土交通省のメッセージ

行政動向の最後として、国土交通省が行ったセミナーについて紹介しましょう。

大変、興味深いセミナーです。国土交通省は、2018年2月に『荷主・物流事業者の連携・協働による物流生産性向上セミナー』を開催しました、このセミナーでは、「明日を切り開く物流平準化への取り組み」という副題を掲げ、「平準化の実現」ということにテーマを絞って、調査研究の成果や取り組み事例の発表が行われました。

物流を効率化するという点で、平準化は有効な取り組みです。

では、何を平準化するのでしょうか。

言うまでもありませんが、「波動」です。波動とは、たとえば1週間のうち月曜日、火曜日の出荷は多いが、水曜日や木曜日の出荷は少ないという出荷量の変動を言います。月末に出荷が多い場合は、月末波動と言います。

さて、これまで「物流には波動があるのが当然」というのが常識でした。この常識を破壊しようという取り組みが平準化なのです。つまり、1週間ほぼ同じ量を出荷する形にしようということなのです。もちろん、これは1社ではできません。そこで、登場するのが「連携」です。

「連携によってなくせる波動がある。波動を最大限吸収して、平準化していこう」という情報発信に行政が力を入れはじめています。そこで開催されたのが、このセミナーでした。

行政側からの調査研究報告では、「週内の波動は、ピークとボトムが逆になる荷主間のマッチングによる平準化が可能」であり、「月末波動は、ピーク時の量をその前のボトム時に前倒し納品ができないか」といった内容が指摘されています。

「翌日配送」という常識の変革に乗り出す行政

また、「1日の中での時間別波動の平準化では、着荷主との交渉による午後納品への変更」「リードタイムの延長を受容する社会の構築が必要」とする提言もされています。

ここで注目すべきは、「リードタイムの延長を受容する社会」という言葉です。荷主の物流担当者や物流事業者は、諸手をあげて賛同すると思います。これまで注文を受けて納品するまでの期間（リードタイム）は翌日が当たり前で、当日納品も少なからずありました。こんな短いリードタイムでは、トラックの積載率を上げたり、必要なトラック台数だけを手配するなどという効率化はできませんでした。時間的な余裕がないからです。

しかし、このリードタイムが1日でも延長されれば、つまり翌々日納品になれば、積載率の向上やムダなトラック手配の発生を排除できます。その意味でリードタイムの延長は、トラックの有効活用という点で、大きな効果を発揮することになるのです。

ただ、これは、注文を出す側、つまり、顧客の理解と同意が必要になります。「顧客に対してリードタイムを延長してくれなんて言えない」、というのが現在の取引における常識と言って過言ではありません。そこで、リードタイムの延長を受容する社会を作ろうではないかというのが、この提言なのです。

実は、リードタイムの延長という動きは、徐々に現実となってきています。第3章で紹介しますが、食品業界においては、メーカーと問屋間で実施に移されてきています。これに類する動きとして、たとえば、日本郵便が手紙を投函の翌日に配達する割合を減らすという検討をはじめました。

翌日配達するためには多くの夜間作業者が必要になり、人手不足の中で、それが困難になりつつあるからです。また、運送業界でも日曜の輸送はしないと宣言するところも出てきました。このように、これまで当たり前だと思われてきた慣習が変わろうとしています。その変化に行政が一役買っていることは事実です。その点は評価すべきと言えます。

②「物流危機」克服に向き合う経団連

ビッグデータをAIが解析する「Society 5.0時代」へ

これまで行政の動きを紹介してきましたが、次に経済団体の動きをみてみたいと思います。ここで注目すべきは、「日本経済団体連合会（経団連）」です。

経団連が、2018年10月に『Society 5.0時代の物流―先端技術による変革とさらなる国際化への挑戦―』という報告書を出しました。これからの物流を考えるにあたって参考になる内容です。

ここで「Society 5.0時代」という言葉が出てきていますが、これは2016年1月に閣議決定され、日本政府が策定した「第5期科学技術基本計画」の中で使われています。現政権の成長戦略を支える重要なキーワードの一つと言えると思います。

ちなみに、「Society 1.0」が狩猟社会、「Society 2.0」が農耕社会、「Society 3.0」が工業社会、「Society 4.0」が情報社会で、「Society 5.0」が超スマート社会と名付けられています。

内閣府の資料では、超スマート社会とは、「ＩＣＴを最大限に活用し、サイバー空間（仮想空間）とフィジカル空間（現実世界）とを融合させた取り組みにより、人々に豊かさをもたらす社会」と位置付けられています。

要するに何のことかと言えば、ＩｏＴやビッグデータ、ＡＩなどの先端技術を最大限活用した社会ということで、行政のところでみた「新技術」の活用と同じ意味です。

それでは、『Society 4.0』の情報社会との違いは何かと言えば、人間が関与するか、しないかの違いです。これまでは人間がデータを集め、それを人間が解析して実務に活用してきましたが、これからは、現実空間に存在する多種多様なデータをＩｏＴで集め、集めた膨大なビッグデータをＡＩが解析し、その解析結果を現実空間の人間にさまざまな形でフィードバックするという形になるということです。「Society 5.0」時代についての説明はこれくらいにして、ここからは「これからの物流はどうなるのか」という本題に入りたいと思います。

これからの物流を理解する「5つのキーワード」

この報告書では、先ほど紹介した「大綱」と同じように、これからの物流の姿を５つのキーワードで特徴づけています。

・つながる物流
・共同する物流
・人手を解放する物流
・創造する物流
・社会に貢献する物流

これらのキーワードについて簡単に説明していきましょう。

まず、「つながる物流」ですが、これはRFIDなどのIoT技術の実装により、国内外の貨物や輸送機関がネットでつながり、物流をリアルタイムで追跡・管理することが可能となるということです。

さらに、調達・生産・輸送・販売の情報をリアルタイムで共有するとともに、AIなどを用いて需給の予測を行うことで、サプライチェーン全体の調整・最適化が図られるという指摘もあります。

これらについては、「大綱」の「新技術」のところで出てきた内容とほぼ同じです。要は、ＩｏＴで集めたビッグデータが人手を介さずに、ＡＩによって解析、指示、管理されます。

次に「共同する物流」ですが、ここでは、企業間はもとより業種横断的な共同の取り組みが進み、物流リソースの最適利用が実現すると指摘しています。リソースというのは、トラックや物流施設を指します。企業間連携が将来の物流の姿として登場しています。

具体的に荷主の輸送ニーズと物流事業者のリソースをマッチングする「輸送マッチングプラットフォーム」が構築され、容易に共同化が実現されると指摘しています。

「人手を解放する物流」というのは、おもしろい表現です。ただ、言っていることは省人化であり、無人化です。物流作業をロボットが行う、また、トラックを自動走行させることで作業者やドライバーを解放する、隊列走行でドライバーの省人化を進める、船舶の自動運航で船員を省人化するということです。これも「大綱」と同じ内容です。

次の「創造する物流」というキーワードは目新しいものと言えます。ＩｏＴで集めたビッグデータをＡＩが解析することで、顧客の潜在的なニーズを発掘し、それに合わせたサービスを提供できるようになるということです。ここでの主語は、物流業者です。実際問題、物流業者がどのような新たな価値を創造できるかは、現段階では明示できません。ただ、そのような可能性は否定できません。その意味で、「価値を創造する」という言葉を頭の片隅に置いてください。

最後の「社会に貢献する物流」というのは、地球環境問題、大規模災害リスクという課題に対して先端技術を活用することで一層の貢献が可能になる点を指摘しています。次世代自動車などによって環境負荷を低減するということ以外に、IoTやドローンなどを活用することで交通インフラの被害状況、交通情報などが共有され、物流ネットワークの維持継続・早期復旧、地域の救援・復旧を迅速に実行できるようになると指摘しています。

物流業者と発着荷主の連携による「物流の再設計」

さて、経団連の報告書について、これからの物流の姿を示すキーワードを紹介しました。ただ、当然のことですが、その方向性は先に紹介した「大綱」と軌を一にしています。この報告書では、これからの物流を考えるときのヒントとなる興味深い指摘が多くあります。

それは先端技術の活用以外で、現実世界における物流をこう変革させるべきだという指摘です。物流の実務を担当している人たちにとって、これからの物流を検討するうえで価値のある内容だと思いますので、いくつか紹介したいと思います。

まず紹介したいのは、次の指摘です。原文をそのまま掲載しましょう。

「近年、人口減少・少子高齢化の進行やeコマースの急拡大等の環境変化から、物流業界においては担い手不足、労働環境の悪化をはじめ様々な問題が深刻化している。わが国の物流ネットワークの中長期的な維持・発展を図るためには、物流事業者と発着荷主双方の協力・連携のもと、輸送頻度の見直し、輸送量の平準化、輸送と荷役の分離、貨物のユニットロード化など、物流の再設計に取り組むことが急務である」

この指摘は物流の現状と課題、解決の方向性を鋭く突いていると思います。これまで何度もふれてきたように、「連携」をベースに物流の再設計を行えということです。その内容としては、輸送頻度の見直しや平準化など、これまでにない取り組みを推奨しています。さらに、次のような指摘を続けています。

「特に、わが国の国内貨物輸送においては、荷主の要望に応じた短いリードタイムでの納品、厳しい時間指定があたかも当然のこととされてきた。しかし、これでは、早晩立ち行かなくなることは明白であり、物流事業者に過度な負担がかからないような取り組みが求められている」

リードタイム、時間指定というこれまでの物流の悪弊を排除せよという指摘は傾聴に値します。これからの物流のあるべき姿を端的に示している点で高く評価できます。

「ユニットロード化」を推進する

先ほど貨物のユニットロード化という言葉が出てきました。これは、コンテナやパレットなど輸送容器に載せた貨物を発荷主から着荷主までそのままの形で送ることを言います。こうすることで、積み降ろしを機械で行うことが可能になり、貨物の破損や紛失の防止、さらには包装費の節約が可能になるなどの効果があります。

ただ、発着荷主間で異なるサイズのパレットが使われていたり、梱包形状がコンテナやパレットに適切に載せることができない場合などでは、ユニットロード化は不可能です。そこで、この報告書では、次のような指摘をしています。

「貨物のユニットロード化を進めるためには、コンテナ、パレット等の輸送機材の規格標準化、共有化、共同利用を推進すべきである。また、DFLの観点から梱包資材や形状の標準化も重要である」

ここでDFLというのは、「Design For Logistics」の略称で、簡単に言えば、トラックやコンテナ、パレットなど輸送機材に合わせて、梱包設計を行うべきだという考え方です。いくら輸送機材を標準化しても、梱包サイズがそれらと合っていなければ、隙間が生じ、輸送効率を低下させてしまいます。地味な指摘ですが、これからの物流を考えるにあたっては、重要なポイントになることは明らかでしょう。

ここまで行政と経済界の動向について整理してきましたが、この章の締めくくりとして、経団連から行政に対しての提言を紹介します。経団連は、次のような注文をつけています。

「2017年7月に閣議決定された『総合物流施策大綱（2017~2020年）』は、『新技術（ＩｏＴ、ビッグデータ、ＡＩ等）の活用による物流革命等』を推進することとしている。これは本提言と軌を一にするものであり、今後、同大綱に基づき策定された『総合物流施策推進プログラム』について、ＰＤＣＡサイクルを回しながら着実に推進していくことが重要である」

まさに経団連の指摘どおり、総合物流施策大綱を確実に実施することが行政の責任です。行政は推進プログラムの進捗状況について、適宜公表していますので、参考にしてください。

この章では、行政と経団連の「これからの物流」についての考え方、求める姿について紹介してきました。当然ながら、企業物流においても同じ方向性が求められています。これらを踏まえて、次章以降で、荷主、物流業者の取り組み実態についてみていくことにしましょう。

第3章

「運べない危機」克服に乗り出した荷主企業

1 サプライチェーンにはこれだけのムダがある

「持続的な物流」の構築は経営課題

第1章でも述べましたが、物流の役割は「売上実現」にあります。企業は売上を獲得するために、商品開発を行い、原材料・部品などを調達し、生産することで製品を生み出します。そして営業部門が、その製品を顧客に販売することで売上につなげます。ただし、まだ売上は実現していません。顧客に販売したものを顧客に届けた時点で、売上は実現するのです。

顧客に製品(商品)を届けるための活動が物流です。物流は、売上を獲得するための企業活動の総仕上げの活動と位置づけることができます。逆に言えば、いくらいい製品を作って、積極的に営業活動を行い、顧客に売っても、物流がうまく機能しなければ、売上にはならないということです。物流は、地味な活動ですが、このように重要な役割を担っています。

顧客に製品を届けることができなければ、当然ですが顧客の信用を失います。営業活動に少なからぬ影響を与えます。

それだけに、いま進行しつつある「運べない危機」は、企業にとって深刻な課題です。運べなければ売上が実現しないわけですから、単に物流の問題ではなく、企業経営上の課題と認識すべきです。企業をあげて「持続的な物流」の構築に取り組むべきでしょう。

企業の経営課題という点では、もう一つ忘れてはならないことがあります。今後、継続的に発生するであろう「運賃の上昇」です。トラックの供給力が低下しているわけですから、需要が同じく低下しない限り、トラック輸送の価格は上昇します。これは需給関係から見れば、必然的な結果です。トラック運賃は、今後とも上昇傾向にあることは間違いありません。

運賃の上昇が避けられないわけですから、何もしなければ、企業の物流コストは上がり続けます。コスト増は利益減という結果をもたらします。当然ながら、企業としては看過できないことです。そこで求められるのが、物流コスト上昇の抑制をねらった取り組みです。運賃単価は上がっても、輸送費総額はできるだけ上昇させないということです。

運賃単価は上がっても、輸送の頻度や量の妥当性を見直して、使用するトラック台数を減らせれば、輸送費の削減は可能です。輸送を必要最小限に絞り込むという取り組みがポイントになります。その取り組みにおいて重要なのは、もはや「聖域」を存在させないという認識です。これまでは顧客とかかわる物流サービスは聖域視されていて、手をふれることはできませんでしたが、いまやそんな認識は通用しません。

つまり、これまで物流において「常識」だと思っていたことが、すべて否定されつつあります。具体的な内容については、このあと紹介していきますが、すべてがこれまでの延長線上にないことは明らかです。

「輸送しないこと」が第一の対策

運べない危機を回避する方策の一つとして、すぐに思いつくのが「不要な輸送はしない」ということです。これは物流の役割と直接的に関係しますので、説明しておきましょう。

企業の物流において輸送活動はどこで発生しているかというと、メーカーの場合、大きく二つに分かれます。一つは工場から物流センターへの輸送です。「幹線輸送」とも呼ばれますが、特に、物流センターを全国的に複数配置しているメーカーでは大きなウエイトを占めます。もう一つが顧客への納品です。これは一般に「配送」と呼ばれますが、中小規模のメーカー、あるいは問屋の場合は、輸送活動は主にここで発生します。なお、配送は販売したものを顧客に届ける活動ですから、物流の本来的な役割がここにあります。工場から物流センターへの幹線輸送は、配送のための在庫補充ですので、配送という本来の役割の準備活動と位置づけられます。当然のことながら、準備活動などはない方がいいのです。

メーカーのあるべき物流の姿は、工場から顧客へ直接配送する「直送」にあります。ところが、納期が短いとか納品ロットが小さくて、工場からの直送はできないということで、工場と顧客との間に配送拠点として物流センターが置かれることになりました。顧客サービス上、やむなく物流センターを置いているということです。

物流センターには、配送のための在庫が置かれます。そこで、物流センターへの在庫補充という活動が必要になってくるわけです。この在庫補充のための輸送においてトラックのムダ使いともいうべき事態が、多々発生しているのです。そのムダとは、在庫を物流センターに送り込んでも、結果として配送に回らない在庫が生まれているということです。

たとえば、いい加減な在庫補充をした結果、物流センターにある在庫のうち何割かは、もはや売れない商品になってしまったとなれば、その在庫を保管していること自体がムダです。それ以前に、その在庫を送り込んだ輸送そのものがムダになります。せっかくの輸送が売上に結びついていないからです。

売上に結びつかない物流活動は、すべて必要ありません。先ほどの例で言えば、その在庫の輸送はもちろん、その在庫にかかわる保管も作業もすべてムダということです。市場への販売動向を的確につかんで、それに合わせて在庫補充を行うという管理が存在しないために発生しているのです。

ドライバー不足対策の最も有効な方策は、このような販売と無縁の輸送は一切しないということでしょう。というのも、輸送しなければ、費用も発生しません。企業において、ある活動のコスト削減をしたいと思った場合、その要諦は、その活動をしない、あるいはその活動を小さくするということなのです。ドライバー不足対策、運賃上昇対策の重要な視点がここにあります。ムダな在庫を発生させないために、在庫の配置と補充についての管理が求められます。それがムダな輸送の排除につながります。

配送における理不尽さを排除する

幹線輸送におけるムダについて述べましたが、当然、配送においてもムダは発生しています。配送は、消費財を例にとれば、メーカーから問屋への配送、問屋から小売への配送に分けることができます。ただ、ムダの内容は、程度の差はあれ、同じようなものですので、あえて区別せずに検討します。配送におけるムダの典型的な例は、次のとおりです。

・当日納品、翌日納品などの「短納期納品」
・バラ、ケースなど小口の注文を何度も納品する「多頻度小口納品」
・朝一番とか翌日午前中に納品してくれという「無意味な時間帯指定」
・緊急注文や場当たり注文などに起因する「低積載配送」
・長時間待機を発生させる本来やる必要のない「荷受け検品」
・ドライバーが業務としてやらされている「手積み手卸し作業」や「付帯作業」

ここでは、トラックのムダ使いにつながるものだけをあげました。これらの是正が、これからの取り組みの重要なテーマになると思われますが、その特徴は、理不尽さの塊ということです。程度の差はありますが、このような理不尽な事態は、ほぼ全産業で起こっています。言葉を換えれば、わが国のサプライチェーンにおけるムダの最たるものがここにあるのです。

消費財で考えてみましょう。小売店頭に並ぶ商品は、いわゆる消費財メーカーが、素材メーカーから原材料や部品を仕入れて製品を作り、その製品が問屋を経て小売店まで運ばれてきています。つまり、小売店頭に並んでいる商品は、「素材メーカー→消費財メーカー→問屋→小売店」という企業間の連鎖によって運ばれてきます。この商品流通の企業間連鎖をサプライチェーンと呼ぶことはご存じだと思います。

この連鎖は企業間の「取引」でつながっています。具体的に言えば、注文と納品という二つの活動によってつながっているのです。小売が問屋に注文を出し、問屋が注文されたものを納品するという形で取引が行われています。メーカーと問屋の間でも同じです。

さて、ここで、先に示した配送におけるムダの例をもう一度見てください。その多くが注文の出し方に起因していることは、おわかりいただけると思います。

さらに、この注文の出し方は何に起因するかというと、端的に言って、取引における「力関係」です。一般に、売る側よりも買う側の方が力関係で優位に立っているため、買う側が自分にとって都合のよい注文を出してくるわけです。その結果がムダを生んでいるのです。

要するに、わが国のサプライチェーンは、ムダの上で動いているということになります。

サプライチェーンには、残念ながらマネジメントが存在しません。言葉としては、「SCM（サプライチェーン・マネジメント／供給業者から消費者までの流れを統合的に見直し、プロセス全体の効率化と最適化を実現する経営管理手法）」などとよく言われますが、実態はその対極にあると言って過言ではありません。なぜなら、力関係に支配されたサプライチェーンだからです。ただ、これはいままでの話です。いまや、このようなムダが徐々に排除されつつあります。それは、買う側と売る側の力関係が変わったからということではありません。顧客配送を担っているドライバー不足が、これまでの取引における常識に風穴を開けはじめたのです。

つまり、トラックの有効活用が求められる中で、「トラックのスペースを最大限に活用する」「トラックが止まっている時間を最小にする」などが最優先の課題になっており、そのために注文や納品のあり方にメスが入りつつあるのです。

取引条件にかかわることであり、実際に取り組んだ事例は、まだ少数ではありますが、その端緒ともいうべき取り組みについて、見ていくことにしましょう。

②「取引慣行の否定」で先陣を切る食品業界

検品レス・翌々日納品を実現したキユーピー

ドライバー不足に起因する物流危機への対処という点で、挑戦的な取り組みが行われている業界が食品業界です。まさに物流危機との戦いの先陣を切っている感さえあります。

なぜ食品業界が熱心なのかというと、危機感があるからです。「トラック業者から見ると、うちの業界は最悪の荷主だそうだ。検品に時間がかかり、日常的に長時間待機が発生している、バラ積みであり、手作業が発生しているという状況。早めに対策を練らないと、トラック業者から見放されてしまう」というのが、当事者の言葉です。

それはともかくとして、いま食品業界で起こっている取り組みは、他の業界にも広がっていくものと思われます。

そこで、各社の取り組みを紹介していきますが、まず登場するのが「キユーピー」です。キユーピーの取り組みは、取引条件に大胆に踏み込んだ画期的なものと言えます。そのチームを率いる立場にある同社ロジスティクス本部の藤田正美本部長は、「加工食品業界のＳＣＭは行き過ぎていないか。これまでの過度な鮮度競争やリードタイム競争は、決して消費者のためになっていない。むしろ、それらを改めれば、消費者により安価に商品を供給でき、食品廃棄の削減や物流現場の労働環境の改善も期待できる」と言っています。

この指摘は、的を射ています。先ほど指摘したように、サプライチェーンのこれまでの「常識」は、消費者とは無縁のものだからです。キユーピーでは、このような認識をベースに興味深い展開がされています。

具体的に、どのような内容なのでしょうか。

キユーピーにおける革新的な取り組みの第１弾は、物流危機が叫ばれはじめた２０１３年１月にスタートした、大手食品卸の「加藤産業」との間で取り組まれた「事前出荷情報（ＡＳＮ）とリードタイム工夫による検品レス納品」です。

ここでは事前出荷情報（ＡＳＮ）、リードタイム工夫、検品レス納品という三つの言葉が登場しています。これらの概要は、キユーピーの資料によれば次のとおりです。ちなみに、ＡＳＮとは、「Advanced Shipping Notice」の略称で、納入側が届け先に出荷情報を事前に通知することを言います。

1 事前出荷情報（ASN）

・ASN＝パレットに積み付けられた納品明細情報
「納品日・届け先・商品名・数量・賞味日付」を「どのパレットに積みつけたか」
・ASNは納品前日に送受信し、荷受け側で自動入荷計上や伝票照合に活用する

2 リードタイムの工夫（受発注時間の「前日午前中締め」を「前々日夕方締め」に）

・午前に集中している受発注業務の平準化につながる
・早期物量把握による効率業務や配車効率化
・ASN作成時間を創出

3 検品レス納品

・ASNによる検品レス実現で荷受・事務作業・待機車両を低減
・運用ルールの設定で車両待機・配送車両の効率化

以上からわかるように、キユーピーは、「納品前々日の夕方」までに受注し、「納品前日」

に商品、数量、賞味期限などの事前出荷データを加藤産業に送信します。加藤産業は、それを自動入荷計上や伝票照合に活用します。現物が納品されたときには、パレットに貼付されたバーコードを読んで着荷の確認をするだけで、現物の検品は行わないのです。

改めて言うまでもありませんが、キユーピーに限らず、わが国の企業の出荷精度は極めて高い水準にあります。誤納品は、ほとんど例外程度にしか発生しません。つまり、もともと現物の検品などする必要はないのです。もし、間違いが出たら、そのとき例外処理をすればいいのです。検品は、これまで慣習で行われてきただけなのです。

このキユーピーの取り組みは、大きな効果を発揮しました。まず、荷受け時の事務、作業負担を大幅に軽減しました。また、翌日納品では避けられなかった「見込みによる車両手配」がなくなり、ムダな車両の発生がなくなりました。さらに、中1日余裕があるため、積載率や配送効率が向上しました。

効果として特筆すべきは、納品時の待機がなくなったことです。検品レス車は、優先荷受けがなされるため、接車時間と待機時間が大幅に削減されました。

キユーピーでは、この加藤産業との取り組みを今後、他の問屋に横展開していく考えを持っています。今後に期待したいと思います。

画期的な取り組み「翌々日納品」の拡大の兆し

これまでの取引条件に切り込むという点で画期的なことは、納期を翌日納品から翌々日納品へ拡大した点にあります。

改めて説明しますと、納期というのは、注文を受けてから納品するまでの時間を言います。注文する側からは「リードタイム」などと呼ばれます。商品を発注してから入手するまでの調達時間ということです。ここでは、納品する側に立って話をしていますので、納期という言葉を使います。

さて、納期の長さは、配送にどのような影響を与えるでしょうか。

いま多くの企業で一般化している納期は、「翌日納品」です。1980年代の安定成長期に、物流サービスを販売競争の手段として位置づける風潮が広がり、それまで翌々日納品だったものが翌日納品に変わりました。それがいまに続いているということです。その是非を問うことなく、当たり前な慣習として定着してしまったわけです。

実は、納期を翌日にしようが翌々日にしようが、発注する側にとって、実質的になんら変わるところはありません。それならば、「百害あって一利なし」の翌日納品を翌々日納品に戻すのは、極めて妥当な方向性です。

翌日納品の場合、トラックの有効活用という点では、まさに有効活用できない状況を生みます。活用するための時間的な余裕がないからです。たとえば、翌日納品でよく見られるケースとして「本日15時締め、翌日午前中納品」という納期がありますが、こうなると当然、出荷に追われます。トラックの有効活用など考えている余裕はありません。出荷作業も夜にかってしまいます。トラックへの積込みも夜中か、翌日早朝になってしまいます。

このような場合、トラックの有効活用の指標の一つである「積載率」は、結果として出てくるだけです。積載率を高める工夫をする余裕などありません。トラックの手配も事前に多めに手配することが習慣になります。運ぶ量を見てから必要なだけのトラックを手配することなどできないからです。結果として、トラックの過剰手配が起こり、それらのトラックにまんべんなく荷物を割り当てざるを得なくなり、積載率の低下という最悪の結果を引き起こします。

もし、これが「今日15時締め、翌々日午前納品」という形で納期が1日伸びたらどうでしょうか。

説明の必要はないと思います。間に1日余裕ができることで、トラックは必要台数の手配が可能になりますし、積載率を上げるための工夫もできます。出荷作業もトラックへの積込みも昼間のうちにでき、夜間作業は不要になります。出荷作業者やドライバーの拘束時間も大幅に減らすことができます。

このように納期の延長は、いまの物流危機において、極めて有効な方策と言えるでしょう。いま業界で話題になっていますが、キユーピーでは、2018年の夏の繁忙期に首都圏で、また年末の繁忙期に全国で翌々日納品の実施に踏み切っています。これは、これまで当たり前であった納期の常識を否定した画期的な取り組みと言えます。

藤田本部長は「将来、より大きな迷惑をかけないためには、いまから手を打っておく必要があった」と述べています。たしかにそのとおりで、将来、「届けられない」という事態にでもなれば、顧客に多大な迷惑がかかります。そのような事態を回避するために、打てる手はすべて打つべきです。その意味で、キユーピーの挑戦は、大いに参考になります。

取引条件に踏み込んだ「F-LINE」の動き

取引条件に踏み込むという点で、物流関係者として注目しておくべき動きがもう一つあります。それは「F－LINE」です。

F－LINEとは、「Food Logistics Intelligent Network」の略称で、持続可能な物流体制の構築を目指した、大手食品メーカー6社の連携による物流プラットフォームです。ねらいとしては、「物流の諸課題解決に向けて既存の枠組みを超えた協働体制のもと『食品企業物流プラットフォーム』を構築し、持続可能な物流体制の実現を目指す」ことが宣言されています。

ここで、食品メーカー6社とは、味の素、カゴメ、日清オイリオグループ、日清フーズ、ハウス食品グループ本社、Mizkanの6社です。F－LINE発足の経緯を見ると、5年前に各社の経営トップが物流に対する問題意識を共有したことに、そもそものきっかけがあるようです。

関係者の一人である味の素物流企画部の堀尾仁部長は、「トラック不足が最初に顕在化したのは2013年末で、トラックが確保できなくて、お客様のご要望どおりに商品を運べなくなりました。その数カ月後、2014年3月に消費税アップ直前の駆け込み需要に対応できず、トラックを用意できませんでした」と、当時の事情を振り返ります。

このような経緯を経て、2015年2月に「F－LINEプロジェクト」が発足しました。基本理念として、「競争は商品で、物流は共同で」というキャッチフレーズが掲げられています。

このＦ－ＬＩＮＥプロジェクトは、プラットフォームとして、ソフトとハードの二つの構築を目指しています。ソフトというのは、製配販の課題解決を目指すもので、ハードというのは、共同化を軸にした物流体制の構築です。

このハード面については後述するとして、ここでは、取引条件にかかわるソフト面の取り組みについて見てみたいと思います。

Ｆ－ＬＩＮＥプロジェクトの中に「製配販ワーキングチーム」という検討チームが設けられています。ここでサプライチェーンにおける課題の検討が行われています。課題としてあがっているテーマをいくつか列挙すると、

①納品待ち、納品・荷受時間の短縮
②危険作業の廃止
③付帯作業の明確化・抑制
④パレット積替・バラ降ろしの削減
⑤納品時間指定の緩和
⑥定めた曜日配送の推進

⑦ 繁忙期の前倒し出荷
⑧ 納品期限の見直し

など、まさに今日的な課題が取り上げられています。

これらは、そう簡単に実現できるものではありませんが、複数社が同じテーブルで議論できる体制ができたことは、大きな前進です。ただ、これらのテーマは、本来、業界標準的なレベルであるべきです。そこで誕生したのが、「SBM会議（食品物流未来推進会議）」です。「業界におけるダブルスタンダード、トリプルスタンダードは避けるべきだ」（堀尾部長）という考えのもとに、F-LINE参画会社6社にキユーピーとキッコーマンを加えた8社で構成されています。2016年5月に誕生しました。

ここでも手待ち時間、付帯作業、納品方法などが課題として討議されてきましたが、SBM会議からさらに新たな検討ステージが生まれています。

それが、2018年4月に日本ロジスティクスシステム協会（JILS）内に設置された「持続可能な加工食品物流検討会」です。この会議は、食品業界のサプライチェーンにおける製造業・卸売業・小売業のメンバーにより構成される持続可能な加工食品物流のあり方を検討する会議体と位置付けられており、味の素、キユーピー、加藤産業、三菱食品、カスミ、シジシージャパン、マルエツなど製配販7社が参加しており、経済産業省、国土交通省がオブザーバーとして参加しています。

まだ最近の動向ですから、具体的な成果は公表されていませんが、これまでは考えられなかった体制づくりが行われていることは、興味深いことと言えます。いま加工食品業界が、このような取引条件に踏み込んだ取り組みの先駆けとなっていますが、この動きは他の業界にも広がっていくことは必然と言えましょう。トラック不足は全産業共通の課題だからです。今後の動きを注視したいと思います。

③「連携」をベースにした物流共同化の広がり

「北海道」から「九州」へ広がり成果を上げる物流共同化

F－LINEのハードのプラットフォーム作りは、北海道からはじまっています。面積が広く、人口密度が低い北海道では、各社単独では配送効率の向上に限界があったことで、この地がスタートとなりました。2016年4月開始です。

まず、それまで4カ所あった各社の配送拠点を2カ所に集約し、顧客である卸の倉庫や小売チェーンの流通センターなどに共同配送する形に変えました。この共同配送の開始に合わせて、これまでサイズも複写枚数も異なっていた6社の納品書を共通化しています。

この北海道での取り組みは、一定の効果を上げています。2016年4月～2017年1月までの10カ月間で、1日当たり配車台数を18％低減、積載率を11％向上、CO_2排出量を15％削減という効果が公表されています。

F－LINEは、このあと2019年1月に九州で共同配送を実施し、2019年4月以降全国展開する計画があります。このF-LINEの今後について、堀尾部長は「決して6社に閉じた取り組みではなく、他の食品メーカーも参加してくださいというオープンマインドのスタンスです」と語っています。食品物流の一つのプラットフォームとして注視すべきでしょう。

ちなみに、F-LINEの取り組みは、「グリーン物流パートナーシップ会議」（経済産業省、国土交通省、日本物流団体連合会、日本ロジスティクスシステム協会主催）の平成28年度優良事業者表彰において、参加各社が「国土交通大臣賞」を受賞しています。「食品メーカー6社の共同による、モーダルシフト、共同輸配送などのハード面での改善および製造・配送・販売の流通過程での食品業界の仕組みやルールの標準化などソフト面での改善を通し、CO_2排出量削減、省労働力化を実現」という点が表彰理由となっています。

アサヒビールとキリンビールの「物流協業」が拡大

実は、グリーン物流パートナーシップ会議の表彰案件には、物流共同化事例として興味深いものが続きます。平成29年度に国土交通大臣賞を受賞した取り組みは、当時大きな話題を呼びました。それは、ビール市場で競合するアサヒビールとキリンビールが物流で共同化を実現したからです。文字どおり「競争は商品で、物流は共同で」を実践しました。

受賞理由として「北陸地方への飲料輸送について、生産・出荷拠点の変更を通じた効率的な鉄道貨物輸送力の活用や、共同配送センター開設による荷さばき効率化などを通じて、商品販売では競合する同業他社間での共同輸送およびモーダルシフトを実現した」という点があげられています。

モーダルシフトとは、トラックなどの自動車で行われていた貨物輸送を鉄道や船舶に転換することです。

両社は、これまでも首都圏における小口配送や一部地域における空容器の回収などを共同で行ってきましたが、受賞したものは、2017年に取り組まれたもので、生産工場、出荷拠点の変更、共同配送拠点の設置、モーダルシフトなど、より大がかりなものとなっています。

両社は、これまで愛知県や滋賀県にある工場から石川県・富山県にある顧客まで、200～300キロメートルの配送距離を大型トラックで行ってきましたが、ドライバー不足の影響を受けていました。

そこで、この配送を共同化したわけですが、ここでのポイントは、両社が生産拠点を吹田・

神戸工場に変更し、吹田貨物ターミナルからの鉄道輸送に替えたこと、また、金沢に共同配送センターを開設したことです。

出荷拠点を関西に変更したのは、関西・北陸間の鉄道コンテナ輸送においては北陸から関西に向けた出荷量が多く、北陸での出荷のために関西から回送していた空コンテナを活用するというねらいがありました。

この共同化により、CO_2排出削減率は50％になったそうです。効果としては、ドライバー不足による運べなくなる危機が回避され、持続的な物流体制が構築されたことが大きいことは言うまでもありません。ちなみに、この協業で年間1万台相当の長距離トラック輸送が、鉄道輸送にモーダルシフトされたということです。

なお、ビール業界では、さらにアサヒビール、キリンビール、サッポロビール、サントリービールの4社が、共同配送を実施しています。２０１７年9月から北海道道東エリアでの共同物流、２０１８年4月から関西・中国〜九州間で共同モーダルシフトが動いています。

その意味で、ビール業界は、「競争は商品で、物流は共同で」という認識がすでに「常識」になっていると言えます。

「キユーピー」「ライオン」「日本パレットレンタル」の異業種共同化

グリーン物流パートナーシップ会議で表彰されたこれまでにない取り組みとして高い評価を受けた共同化事例を紹介します。キユーピーとライオンと日本パレットレンタル（ＪＰＲ）の異業種が取り組んだ共同化です。平成30年度の国土交通大臣賞を受賞しました。

これは、トレーラー1台を共同利用し、異業種3社がかわるがわる荷物を積み、関東から九州に至る全行程2811キロを1週間かけて一周するというもので、実車率は99・5％に達しています。その行程を追ってみますと、図表3－1のとおりです。使われるトレーラーは、通常の大型トラックの2倍の積載能力を持っています。図表のうち東京港～新門司港～徳島港～東京港という海上輸送部分は、すべてトレーラーだけの無人輸送です。距離にして2288キロです。

総移動距離は2811キロですから陸上輸送部分は523キロになります。そのうち空車で走っているのは、鳥栖でのデポ間、関東でのライオンのセンターからキユーピーの五霞工場までの14キロだけです。つまり、実車率は99・5％ということになります。この取り組み以前は、各社ともトラック輸送を行っていました。しかし、ドライバー不足への対応、環境

■図表3－1／異業種3社の共同化

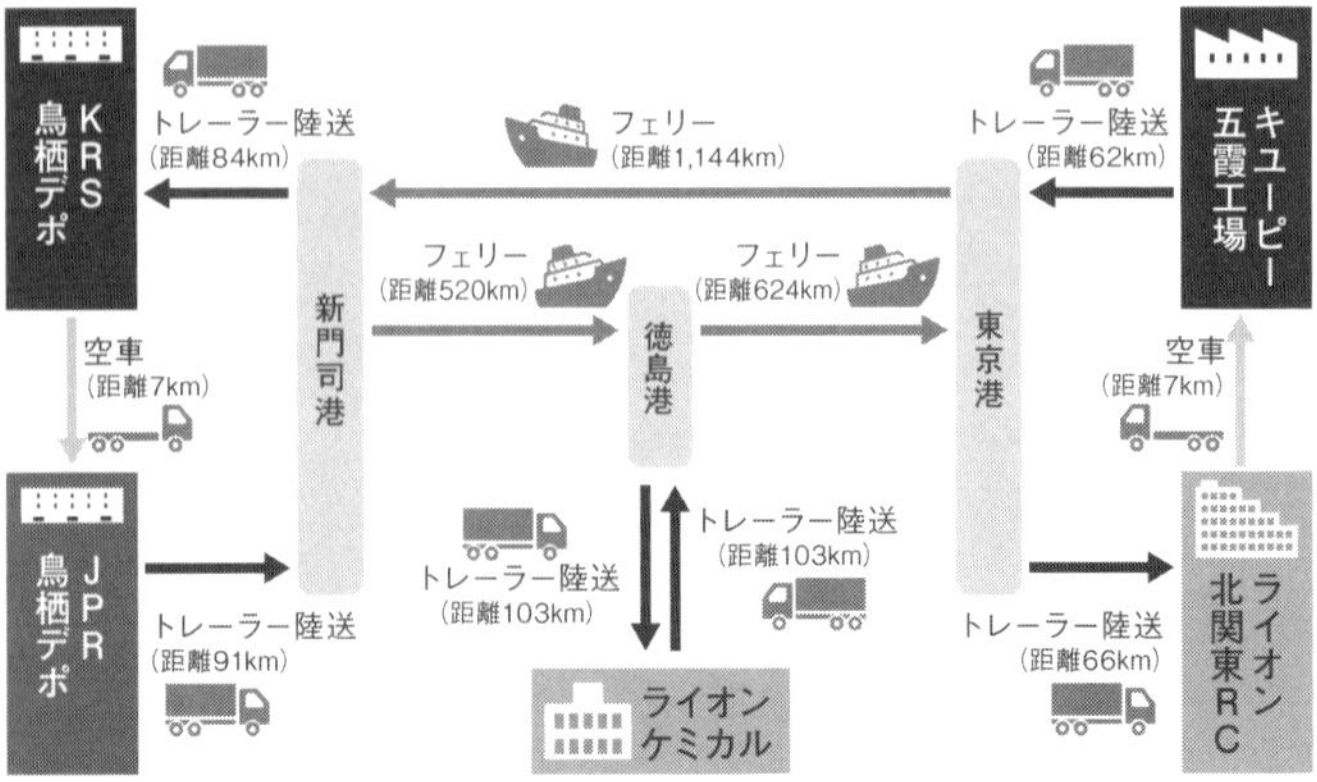

対策という点で、トラック輸送の持続性に危機感がありました。

キユーピー、ライオンともJPRのユーザーです。キユーピーの藤田正美ロジスティクス本部長とライオンの平岡真一郎SCM本部長は、日本ロジスティクスシステム協会（JILS）などの団体活動を通じて知己があり、この異業種連携につながったと言えます。

ライオンの平岡SCM本部長は、異業種3社による共同化は、「物流危機への対応力を高めるためだ。特に安定した長距離輸送ルートの確保を主眼としている」と、述べています。ライオンとキユーピーは、物流の責任者同士で物流を取り巻く状況に対する問題意識を共有していたことが原点にあると言っていいでしょう。

④ 輸送効率向上に向けた革新的な取り組み

三菱食品が発注をコントロールする共配便

これまでにないチャレンジという点で、「三菱食品」も注目に値します。どのような内容かというと、ある物流業者が運営する三菱食品への共配システムに乗っている中小メーカーへの発注に工夫を凝らしたものです。

改めて確認しますが、共配というのは、自社単独では車両が満載にならない荷主のために、1台の車両を複数の荷主で共同利用しようという仕組みです。F-LINEのように、荷主同士が連携して行う場合と物流業者が作った共配システムを荷主が利用するというパターンに分けられます。

たしかに、共配すれば車両の有効活用になりますし、小口配送するよりは輸送単価も安くなります。ただし、問題がないわけではありません。それが、三菱食品で起こりました。

三菱食品が自社のある首都圏のセンターで、メーカーからの納品状況を可視化したら、不合理な実態が判明したのです。三菱食品に向かう中小メーカーの共配便に積載率の低い車両が散見されたのです。調べた結果、明らかになったのは、共配便に乗る複数メーカーへの発注量が、トータルすると一車の大きさを越えてしまっていて、越えた分を納品するために追加で車両が出されていたのです。この車両の積載率が低いことがわかりました。

複数メーカーへの発注のトータル量が車両の大きさを越えてしまった場合、越えた分については、わざわざ一車仕立てなくてはならないことになり、その車両の積載率が低かったという必然的な結果です。

三菱食品では、これまでも積載率を高めるために、配送頻度の削減や納品ロットの拡大などを目指してメーカーに対して、曜日別納品を実施してきました。毎日発注するのではなく、配送曜日を決めて注文することで、発注量をまとめてきたのです。ところが、曜日別発注だけでは、共配便の効率が十分に活かされていなかったということです。

発注量をまとめるだけではなく、トラック一車単位にまとまるように、発注量を調整することが必要だったのです。そこで三菱食品では、自社に向かうメーカーへの発注量をトータルで一車に納まるように調整できるようにしたわけです。三菱食品の資料によると、「複数社分をグルーピングして発注数量を平準化できる機能を発注システムに実装した」ということです。これにより非効率な増便をゼロにしました。

言うまでもありませんが、これまで発注側は顧客ですから、発注量について納入する側からは何も言えないというのが商慣行でした。顧客から発注されるままに車両を手配するというのが当たり前だったのです。これでは、いくら共配とはいえ、最大限の効果を引き出すことはできません。

特定の届け先に向かう共配については、車両単位に発注量の調整ができないかというのが、これまでの大きな課題でした。それを顧客の立場である三菱食品が、みずから実現したのです。これは、高く評価できます。この取り組みが今後、拡大していくことが期待されます。

届け時トラック滞在時間を「400分から130分」へ大幅縮小

ドライバーの長時間労働改善および輸送効率の向上のために、国が取り組んでいる施策に「パイロット事業」があります。

パイロット事業というのは、試験事業、実験事業といった意味です。つまり、国土交通省や厚生労働省が主体となって、物流業者、発・着荷主が連携して長時間労働の原因分析、改善策の検討、実践、検証を行うものです。具体的には、「トラック輸送における取引環境・労働時間改善協議会」という組織体を設置して、その指導の下に、発荷主・着荷主及び運送事業者を構成員とする集団が一体となって改善策を検討し、それを実行に移すことで、労働時間の短縮改善の効果を実証実験しようというものです。

ここで紹介するのは、滋賀県の案件ですが、発荷主の「サンスター」、元請の「名鉄運輸」、運送業者の「ジャパンロジコム」と着荷主の「あらた」の4社が連携した事業です。

発荷主であるサンスターの荒木協和ロジスティクス担当理事によると、そのねらいは「荷主の効率化により発生したドライバーの長い待機時間と付帯作業を解消して、労働時間を短縮する」ということです。つまり、荷主都合がドライバーにしわ寄せされていた現状を改善しようというものです。その内容を見てみましょう。図表3－2を参考にしてください。

これまで輸送時間を除いた輸送にともなう付帯業務で400分かかっていたのを130分に短縮しました。400分の内訳を見ると、積込み作業に60分、到着先での待機時間が240分、荷卸し作業に90分、検品に10分かかっていたそうです。

待機時間240分というのは、ピーク時の平均待機時間のことです。到着順に荷物を降ろすため、早く降ろして次の仕事に向かいたいドライバーが前日の夜から順番取りで待ってい

■図表3－2／取り組みによる時間短縮効果

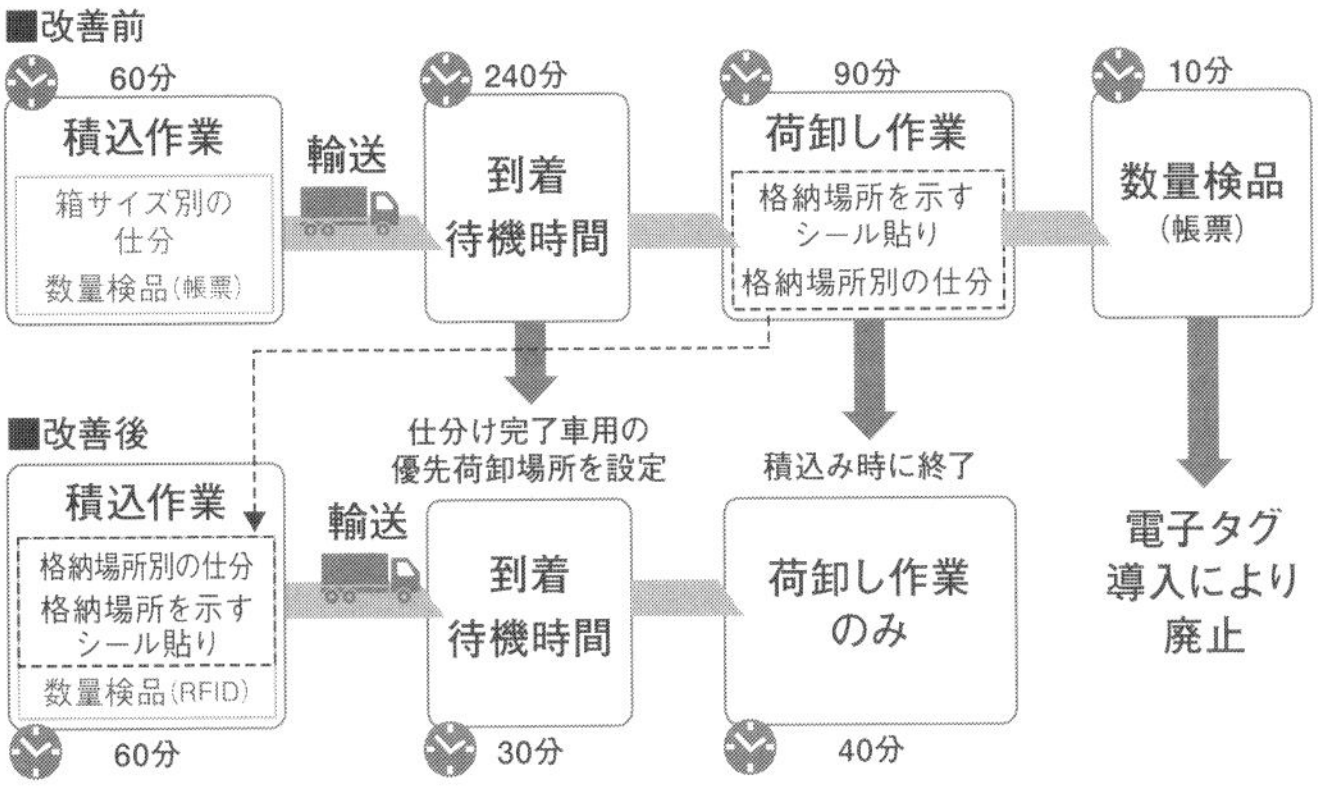

出所／内閣府「生産性向上運動推進協議会」資料

るという状況が常態化していたわけです。荷卸し作業においては、格納場所を示すシール貼りをあらた側が行うのを待っていて、その後、そのシールにしたがってドライバーが仕分け作業を行っていました。これは、荷主側の都合が優先された結果です。

このパイロット事業では、このような長時間待機、荷卸し作業を短縮することをねらいとしました。その結果どうなったかというと、改善後は、積込み時間は同じく60分ですが、待機待機が30分に短縮され、荷卸しが40分に、検品が0分になったそうです。結果として、２７０分が削減されました。

そこで取り組まれたのは、次の三つです。

一つめが、着荷主の格納場所別の事前仕分けです。サンスターがあらたから受注情報と同時にあらたの物流センターの格納場所情報を入手し、この情報を元請けである名鉄運輸に提供するという形に変えました。名鉄運輸では、格納場所情報に基づいて格納場所別に事前に仕分けをして配送トラックに積み込むことにしたのです。つまり、これまで納品先で行っていたシール貼りや格納場所別仕分けを積み込み時に行うようにしたわけです。

納品のトラックがあらたの物流センターに到着すると、仕分け完了車両の「優先荷卸場所」が設けられていて、納品車両は待機せずに、そのまま荷卸場所に入れるようにしました。その結果、荷降ろし待ちの待機が減り、荷卸しが簡単にすむというわけです。これが、二つめです。

三つめが、荷卸しの簡略化です。以前は、荷卸しのときに格納場所を示すシールを貼るのを待っていたり、格納場所別の仕分けをしていたのですが、格納場所別の仕分けは荷物の積み込み時にすでにできているので、それらの作業は必要なくなり、その時間が省けたわけです。

これまでは帳票をもとに数量検品を行っていましたが、新しい取り組みでは、事前に、積んである荷物の情報が入った電子タグをパレットに貼り、この情報を前日にあらたに送信する形にしました。納品時にこの電子タグを読むことで、荷卸しと同時に検品がすんでしまいます。

このような改善策を実施した結果、ドライバーの労働時間を４時間30分削減（68％減）できました。これにより運送業者にとってはトラック回転率の向上、着荷主のあらたにとっては物流センターのスペース効率や荷卸場所の回転率の向上などの効果が生まれました。

このように大きな効果を上げた取り組みですが、このパイロット事業の資料によれば、この取り組みの成功要因として、以下の三点があげられています。

①荷主である「サンスター」がトラックドライバーの長時間労働の状況を理解し、その改善のための取り組みを企画立案し、主体的にこの取り組みを推進したこと

②着荷主の「あらた」が、この取り組みを理解し、格納場所情報の事前提供や優先荷卸場所の設置を行ったこと

③元請で物流倉庫を管理している「名鉄運輸」が、ＲＦＩＤなどのＩＣＴ機器を活用したこと

この事例は、基本的には、発荷主と着荷主の前向きな姿勢が成功の要因と言えます。今後

の物流のあり方は、「発荷主と着荷主の連携」がポイントになることを示す好例でしょう。今後、このようなやり方が活発に展開されることが期待されます。

この章で取り上げた事例に共通するのは「企業間連携」です。トラックの有効活用は、一社の企業では限界があることは明らかです。これからのあるべき物流の構築は、連携なしでは不可能と言って過言ではありません。ここで紹介した事例がそのことを端的に示していると言えます。

乾汽船の挑戦的な取り組み「バラちらし」

この章の最後に、興味深い事例を紹介したいと思います。本来ならば荷主がやるべきことを、荷主に代わって物流業者が行いました。それも物流にかかわる取引条件の是正をしたということですので、あえてこの章で取り上げます。

ここでの主役は、「乾汽船」という会社です。同社は、外航海運事業、不動産事業、倉庫事業という三つの事業を行っていますが、この取り組みを行ったのは倉庫事業部です。

どのような内容かというと、同社では「バラちらし」と名づけています。この名前の意味するところは、「集中しているものをバラして、ちらして、平準化する」ということだと言います。

要は、荷主から受託している配送業務において、これまで午前中に集中していた配送を納品先と交渉し、一部の配送を午後納品に切り替えたり、前日午後に前倒し納品することで、車両の有効活用を実現したというものです。これにより、これまで18台使っていた配送を14台の車両ですますことができるようになったそうです。まさにトラックの有効活用のお手本のような取り組みです。

この「バラちらし」の対象になったのは、同社の主要荷主である「日本製紙」の情報用紙の配送です。同社の中村元倉庫事業部長によると、「ペーパーレス化の進展で紙の需要が減少し、当社の取扱量も減少していました。他方で、ドライバー不足の影響で協力業者から運賃値上げの要請が続いていました。減収、コスト増という厳しい状況の中で、改善など自助努力では対応に限界があり、他に打開策を求める中で行きついたのが納品条件でした」というのが、この取り組みのきっかけだったようです。

実際に、このプロジェクトを担当した倉庫事業部の八島弘尚グループリーダーは、「毎日の配送を見ていると、配送の8割弱が午前中指定納品でした。午前中の納品は、13時台には

■図表3－3／想定されるメリット

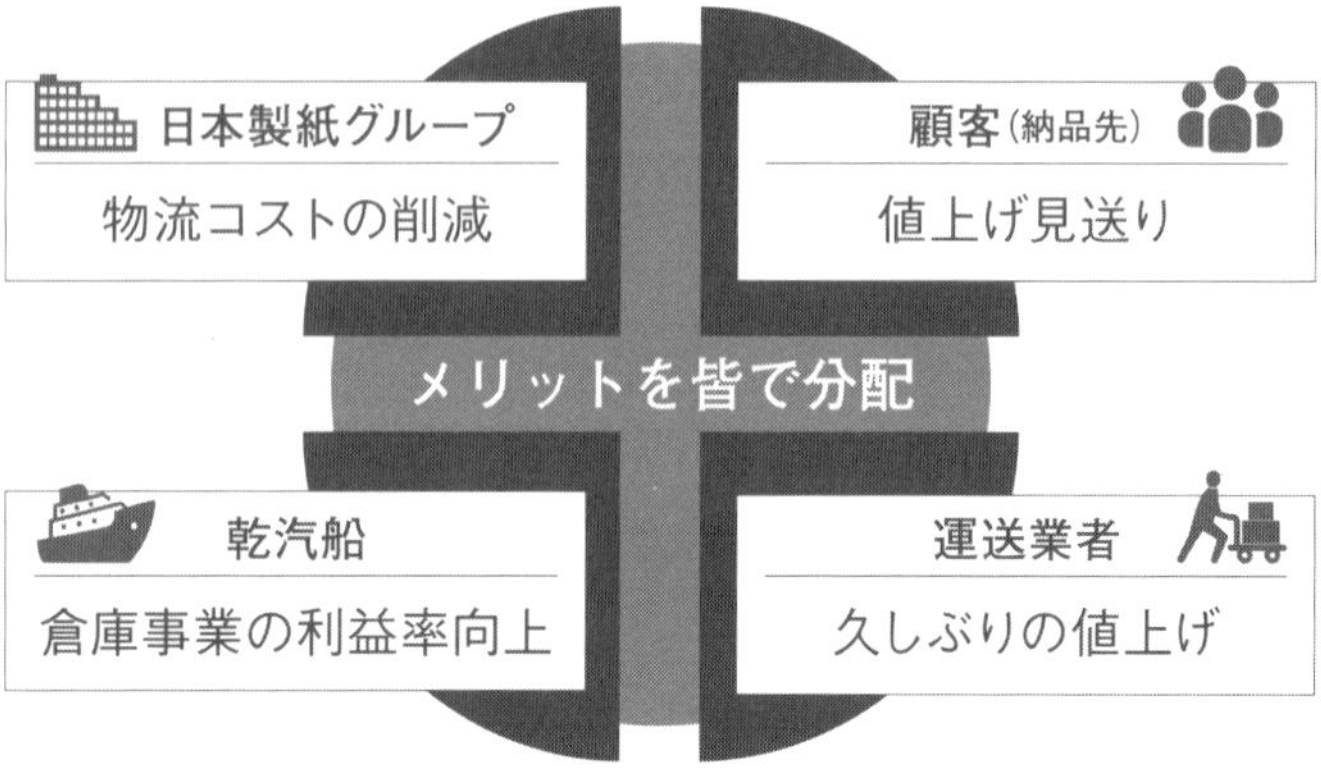

終わってしまい、宵積みする17時頃までトラックは遊休化していました。このムダの改善が急務だと考え、取り組みを開始しました」と述べています。

　こうして、「バラちらし」プロジェクトがはじまりました（図表3－3）。最初に、話を持っていったのは、当然ですが、荷主である日本製紙です。2016年年7月のことです。

　乾汽船側からの「バラちらし」の提案に、日本製紙側は好意的に受け入れてくれたそうです。日本製紙も物流危機を実感していて、サプライチェーンの最適化でしか解決策はないという認識を示しました。また、自分たちの営業を通して交渉するよりも物流からの提案の方が、納品先に切実さが伝わるだろうとの判断から、乾汽船の取り組みを後押しすると約束してくれたとのことです。

こうして物流業者による納品先との取引条件交渉という画期的な取り組みが開始されました。納品先訪問の前に分析したのが、納品先に午後納品を受け入れる余裕があるかどうかです。ここで余裕とは、時間的余裕と空間的余裕です。

これまでのサービスレベルは、乾汽船に午後4時までに出荷指示があったものを翌日午前中に納品するというものでした。ただ、実態を調べてみると、約7割の出荷指示が配送日の前々日か前日午前中までに入っていたそうです。そこで、何が何でも午前中に入れろという注文は少ないのではないかと判断しました。つまり、時間的余裕はあると見たわけです。

空間的余裕とは、本来の配送日前日午後に前倒しで配送した場合、商品を置いておく場所が納品先にあるかどうかという保管スペースの有無です。これについては、同社のドライバーが納品先のスペースを観察し、多くの納品先で置き場スペースはあるという情報を入れてくれたそうです。

納品先はドライバー不足の深刻さを知っていた

このような確認作業を経て実際に、どの納品先に交渉に出向くかについて、日本製紙と合同で協議し、決定していきました。ここで、日本製紙から納品先の情報を得て、乾汽船が単独で交渉に出向きました。現時点で、訪問した納品先は28軒だそうです。１５０軒強の納品先があるそうなので、現在進行形というところです。

ところで、これまで訪問した結果は、実に驚くべきものでした。その実態を紹介します。まず、「バラちらし」について説明したところ、訪問したすべての納品先が賛同したと言います。「新聞報道などの影響か、ドライバー不足が深刻な状況にある点について訪問先すべてが理解していました」(八島リーダー)という状況だったそうです。

また、時間指定の解除は、93％の納品先が賛同してくれました。可能な範囲で午前中という指定を外すということです。納品先の中には、「午前中納品などという時間指定をしている覚えはない」というところが少なくなかったと言います。実際、発注書には午前中という指定が記載されていましたが、「以前に書いたものがそのまま残っていただけで、いまは意味はない」というのが実態だったということです。

さらに、前日午前までに来ている注文について、前日午後に前倒しで納品することについても96％の納品先が了解したそうです。

訪問して判明したことは、これまで配送を制約していた「午前中納品」という指定は、実際はほとんど意味がなかったということです。この事実は、これからの物流サービスを検討するうえで重要なことは言うまでもありません。

それはともかく、この「バラちらし」の取り組みは、現時点で、これまで18台使っていた配送車両を14台に減らすことができました。ここで生み出された4台の車両は、別の仕事に使うことができるようになりました。この効果は、乾汽船倉庫事業部の利益率の向上につながりましたが、今後、日本製紙、納品先、運送業者にもメリットとして還元していきたいとのことです。

メリットとして、日本製紙では物流コストの削減により、物流コスト上昇に起因する製品の値上げの回避につながります。製品値上げの回避は納品先にとってのメリットになります。また、運送業者には運賃の値上げという形で還元されることが期待されます。

この取り組みは、現在進行形ですから、納品先の拡大にともなって、さらに効果が生み出されることになります。また、「バラちらし」を他の荷主にも展開するという考えもあるようですので、今後に期待できます。

さて、乾汽船の「バラちらし」で明らかになった、これまで当たり前だと思われていた「午前中納品」という時間帯指定は、実は意味がなかったという実態は、わが国の物流全般に言えることではないかと思われます。

これまでの常識に果敢に挑戦した乾汽船の「バラちらし」は、わが国における物流の見直しに一石を投じる結果をもたらしたと言えます。

第4章

変革を迫られる物流業界

1 「運賃値上げ」は労働環境改善の必要条件

「ヤマト運輸」27年ぶりの値上げ広告

「10月1日、宅急便の値上げをいたします。ご理解とご協力をお願いいたします」

ヤマト運輸が新聞各紙にこんな全面広告を出したのは、２０１７年5月22日のことでした。広告の中には、宅急便の全面的な値上げは「27年ぶりに」と書かれています。

実は、値上げが27年ぶりというのはヤマト運輸に限ったことではありません。時期は少し前ですが、２０１４年に日本通運が貸切トラック運賃の値上げを行った際にも「日通、24年ぶり値上げ（日経新聞）」というタイトルで報じられました。つまり、ヤマトも日通も、最後に値上げを行ったのは１９９０年、「物流二法」が制定された年だったのです。

正確に言うと、各社は１９９０年に新しい法律に基づいて運輸局に運賃表の届け出を行い、そのまま改訂しないで、四半世紀あまりを過ごしてきたということになります。

１９９０年までのトラック運送業界では、国が基準運賃を定めて公示し、これが3～４年ごとに値上げ改訂されていました。これを「認可運賃」と言います。運送事業者は、認可運賃の改訂に合わせて新しい運賃表を作成していたのです。むろん、競争によるディスカウントはあったものの、認可運賃の改訂が強力な値上げの根拠材料でした。業者間の競争は、地域ごとの事業免許制度によって過度な競争に陥らないようにコントロールされていたのです。

ところが、1990年の物流二法の制定により、事業は免許制から許可制に、運賃は認可制から事前届け出制に変更になりました。事業が許可制になり参入が容易になったため、トラック運送業者が急増しました。その結果、価格競争に陥り、トラック運賃はおよそ四半世紀の間、一貫して下がり続けました（図表4－1）。

この間には燃料価格が高騰した時期もあり、また、「いざなぎ景気超え」と言われる長期の景気回復の継続もあった（2002～2007年）のですが、自由競争の中で、運賃はこれらに関係なく低水準だった様子が、統計資料から明らかです。

27年ぶりの値上げの理由を、ヤマト運輸は「宅急便ネットワークの担い手である社員の健全な労働環境を守るため」と説明しています。

第1章でもふれたように、トラックドライバーは「賃金水準は全産業平均の2割低く、労働時間は2割多い」という劣悪な状況にあり、これはドライバー不足の元凶となっています。

■図表4－1／4半世紀の間、下がり続けたトラック運賃（1990～2014年）

サービス価格指数（トラック運送）

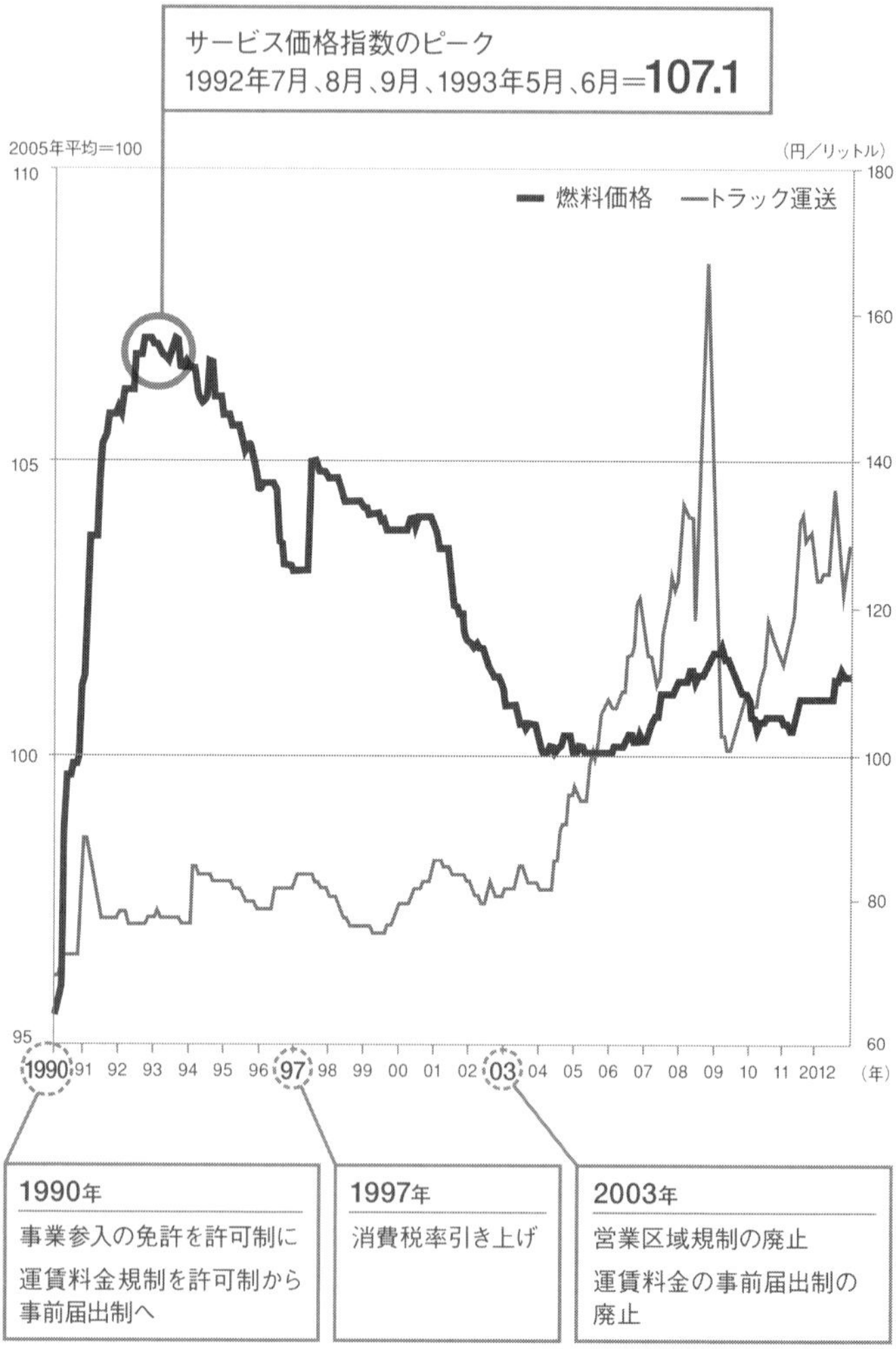

※出所／トラック運賃：日本銀行「企業向けサービス価格指数（2005年基準）」
燃料（原油）価格：IMF Primary Commodity Prices

現在の労働環境の悪さは、長年の運賃低迷の結果に他なりません。ヤマト運輸は運賃の値上げによって、悪しき流れを断ち切ることを宣言したわけです。

ドライバーの収入増が危機克服の第一歩

「運賃の値上げ」という話からはじめましたが、通常であれば「値上げ」を「取り組み」とか「改善策」として語るのはおかしなことです。値上げによって、そもそもの問題が解決されるはずはないですし、値上げはずっと続けるわけにはいかないという点でも、その場しのぎの策でしかないからです。

しかし、物流業界が物流危機を乗り切るという問題において、まず、最優先で行わなければならないのは運賃の値上げなのです。ドライバーの違法な長時間労働をなくす「働き方改革」は必須であり、そのためにムダな時間をなくし、業務を省力化する「生産性の向上」が必要なのですが、重要なポイントとして、「これらの取り組みは、ドライバーの収入を減らすことなく行わなければならない」という前提があるためです。

時間短縮によって、平均より2割安いドライバーの賃金がさらに下がれば、ますますドライバーはいなくなってしまいます。ドライバーの報酬を向上させる原資の確保が急務なのです。

これは業界全体の切実な思いであるといってよいでしょう。日経新聞に載った福山通運小丸成洋社長の以下の言葉は、その思いをわかりやすく語るものだと思います。

「業界全体で、400万円台の（ドライバーの）収入を600万円以上にしたい。そのためには、荷主からいただく運賃の引き上げが必要だ。これまでの単価が安すぎた。業界全体が、ようやく目を覚ましてきたのだろう」（2017年8月15日 日経新聞）。

「運賃値上げ」がようやく浸透しはじめた

運賃の話をもう少し続けます。ごく最近まで運賃は、「微上昇～横バイ」で推移していました。日銀サービス価格指数（2010年平均が100）は2015年4月が106、2016年4月は106・2、2017年4月も106・3です（図表4－2）。

2014年の日本通運の値上げは「実質15％程度」と報じられ、ヤマト運輸の値上げ幅も「2ケタ」とされます。ただし、これは運賃表の変更比率なので、実際の顧客との契約運賃に100％転嫁されたわけではありません。他の運送事業者に至っては、値上げの実施範囲

■図表4－2／2018年 運送業界に運賃値上げが浸透

■日銀企業向けサービス価格指数（2010年 平均＝100）

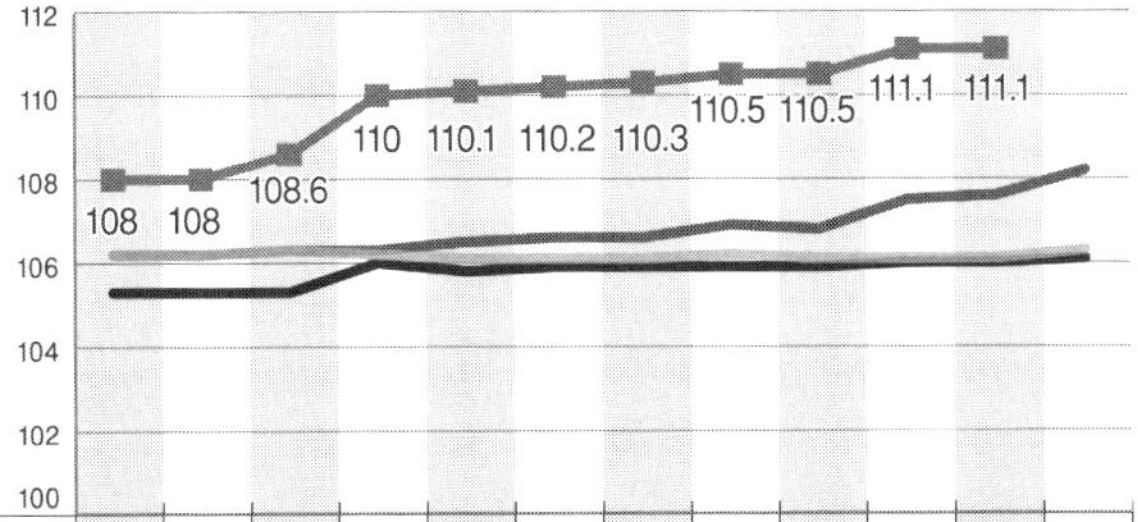

	1月	2月	3月	4月	5月	6月	7月	8月	9月	10月	11月	12月
日銀2015	105.3	105.3	105.3	106	105.8	105.9	105.9	105.9	105.9	106	106	106.1
日銀2016	106.2	106.2	106.3	106.2	106.1	106.1	106.1	106.2	106.1	106.1	106.1	106.3
日銀2017	106.2	106.2	106.3	106.3	106.5	106.6	106.6	106.9	106.8	107.5	107.6	108.2
日銀2018	108	108	108.6	110	110.1	110.2	110.3	110.5	110.5	111.1	111.1	

■Web-KIT成約運賃指数（2010年4月 平均＝100）

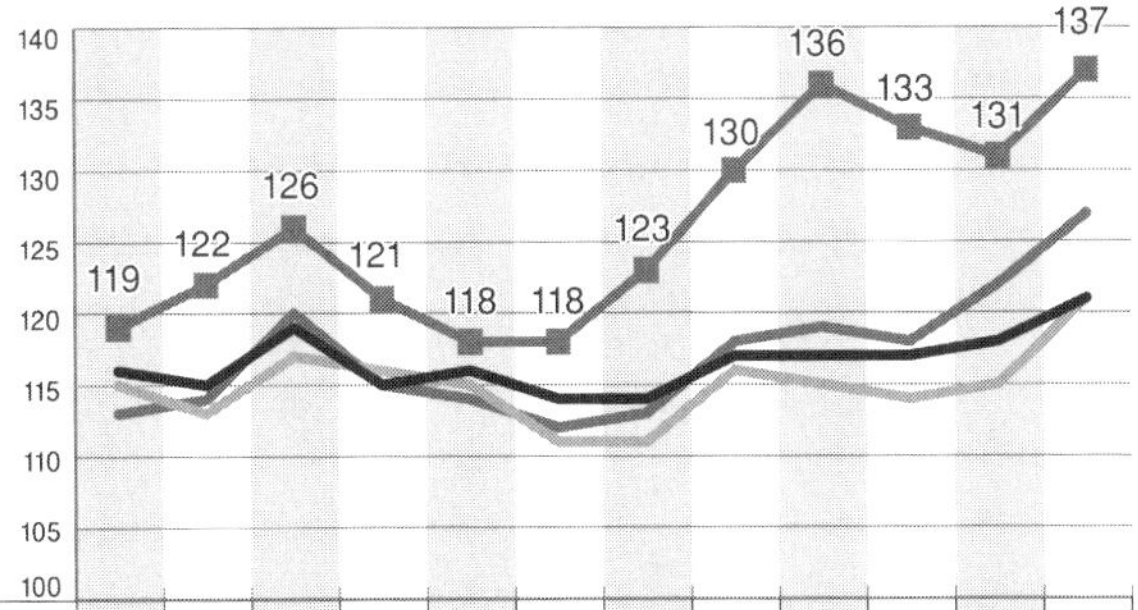

	1月	2月	3月	4月	5月	6月	7月	8月	9月	10月	11月	12月
Web-KIT2015	116	115	119	115	116	114	114	117	117	117	118	121
Web-KIT2016	115	113	117	116	115	111	111	116	115	114	115	121
Web-KIT2017	113	114	120	115	114	112	113	118	119	118	122	127
Web-KIT2018	119	122	126	121	118	118	123	130	136	133	131	137

※出所／日銀企業向けサービス価格指数:日本銀行　Web-KIT成約運賃指数:日本貨物運送協同組合連合会

は、さらに限られていたと推察されます。

荷主に対する調査でみると、日本ロジスティクスシステム協会の2016年度調査で「値上げ要請を受けた荷主は回答者の61％」「それに応じた荷主は77％」でした（JILS／物流コスト調査）。2017年度調査では「要請71・6％、応じた76・9％」とやや上昇しましたが、実際に値上げが実施されたのは回答者の半数強ということになります。

この流れが2018年に入って変化してきました。ようやく統計に運賃上昇の様子がはっきり表れてきたのです。日銀サービス価格指数は2018年4月に110％を超え、その後もじりじりと上昇を続けているのです。

公表されている運賃指標にはもう一つ、「Web－KIT成約運賃指数」があります。「Web－KIT」とは、運送事業者の協同組合をベースとして、運んで欲しい荷物と空車を結びつけるマッチングシステムです。そこにおける成約運賃の水準も運賃指標になります。「Web－KIT」の数字は、定常的な契約によらない「スポット運賃」を指数表示したものです。

こちらの指標も2018年に入って130％を超え（2010年4月＝100）、その後も前例のない高水準で推移しています。ようやく「運賃値上げ」がトラック運送業界に浸透してきたことがわかります。最近では、かつて常識として語られていた「値上げを申し出ることによって仕事を失う」という不安が減っている以上に「値上げが受け入れられないならば、撤退しても構わない」という強い覚悟で交渉に臨んでいることがうかがわれます。

法改正により「標準的運賃」設定が可能に

２０１８年12月8日、貨物自動車運送事業法を改正して、国が「標準的運賃の告示をする」ということを可能にする法案が、国会で可決されました。これは２０２３年までの時限付きの措置です。

運送事業者の声として、かねてから運賃値上げの交渉にはやはり目安となるものが必要であり、「標準的運賃」を提示して欲しいという要望がありました。国は有識者による「トラック運送業の適正運賃・料金検討会」を設定するなどして検討を重ねてきましたが、これまで実現の目途はたっていませんでした。

標準的運賃設定の最大の障壁は、１９９０年の法改正で自由化された運賃について、国や業界団体などが基準価格を示す行為には法的根拠がなく、独占禁止法に抵触するということでした。加えて、「常に下限運賃（最低水準）に引っ張られてしまう」「営業努力によって高い水準の運賃を収受している事業者は創意工夫を邪魔される」といった反対意見も、根強くありました。

今回の法改正で、法的な障壁はなくなりました。ここからは、「労働環境改善のために、速やかな値上げを支援しなければならない」とする、行政の強い意思が読み取れます。2023年度までという時限は、2024年4月にはじまる自動車運送業務への時間外労働上限規制適用までを意識していると思われます。

運賃と料金の徴収を別建てに ――「標準運送約款」の改正

ここまで運賃という言葉を特に定義せずに使ってきたのですが、国の定めるところにしたがって正確に言うと、運送事業者の収入は「運賃」と「料金」から構成されます。

「運賃」＝運送の対価
「料金」＝運送以外の役務などの対価

これまでの話は「運賃」の水準を値上げしようということでした。事業者の収入を増やす方法としては、もう一つ「料金を正しくもらえるようにしよう」というアプローチがあります。

２０１７年11月、「料金」の正しい収受をねらいとして「標準貨物自動車運送約款」の改正が行われました（図表４－３）。標準約款とは、事業者と荷主の契約書のひな形として、国交省が制定するものです。今回の改正では、料金を別建てできちんと請求するための根拠として、「運賃」「料金」の定義が改めて明確にされました。

「運賃」がカバーする業務は、「車両による発地から着地までの荷物の移動」です。その前後に待機や積込み、取下しなどの作業がある場合は、別立ての「料金」を設定しなさいというわけです。

料金の中で特にフォーカスされたのが、「待機時間料」です。待機時間は明らかにムダな時間なのですが、荷主の倉庫で接車場所がふさがっていたり、荷揃えができていなかったり、荷主側の検品で時間がかかるなどのために待たされる場合、これは運送事業者には改善不能で荷主の協力が必要です。この「荷主都合による荷待ち時間」に対して、「待機時間料」という新しい料金が定義されました。

さらに２０１７年7月以降、「30分以上の待機時間は運行の記録をする」ということを運

■図表４－３／「運賃」はこの範囲…標準貨物自動車運送約款の改正

■運送業務一連の流れ

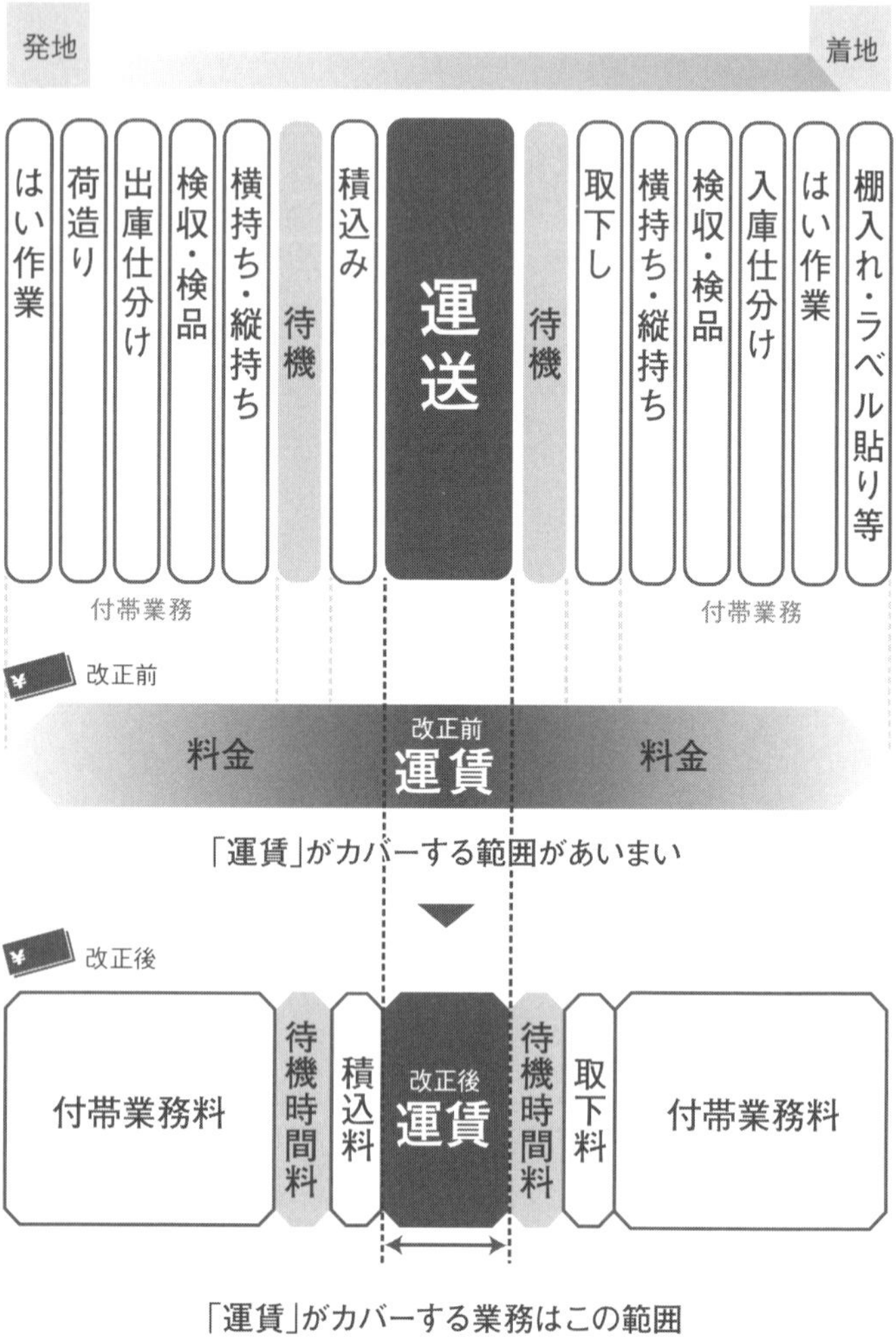

※出所／国土交通省資料より著者作成

■図表４－４／自動運送事業の働き方改革の実現に向けた政府行動指針

公表時期、タイトル	概要・URL
2017年3月作成 **価格交渉ノウハウ・ハンドブック**	取引条件の改善に向けて、法令違反となる取引行為や価格交渉のノウハウを掲載 http://www.mlit.go.jp/common/001170940.pdf
2017年3月作成 **原価計算の活用に向けて**	原価計算の実施を促進するため、原価計算から得られたデータの活用事例（運賃交渉の成功事例など）や原価計算の実施方法を整理 http://www.mlit.go.jp/common/001185829.pdf
2008年3月作成 2017年8月改訂 **下請・荷主適正取引推進ガイドライン**	荷主・元請け事業者・下請け事業者の多層化が進むトラック運送事業で、不適正な取引を未然に防止するためのルール（望ましい取引形態）を例示 http://www.mlit.go.jp/common/001197192.pdf
2014年1月作成 2017年8月改訂 **書面化推進ガイドライン**	トラック事業における適正取引の推進および安全運行の確保に向けて、運行条件に係る重要事項等を運送状、運送引受書等に書面化するべく、必要記載事項、ひな形などを提示 http://www.mlit.go.jp/common/001195720.pdf
2018年11月作成 **荷主と運送事業者の協力による取引環境と長時間労働の改善に向けたガイドライン**	2015年から全都道府県に設置された「トラック輸送における取引環境・労働時間改善協議会」を母体として、各地で選ばれた運送事業者（実運送、元請け）と荷主企業（発荷主、着荷主）がチームを結成して、改善の実証実験を行った「パイロット事業」の成果の集大成 http://www.mlit.go.jp/common/001260158.pdf
2018年12月作成 **トラック運送サービスを持続的に提供可能とするためのガイドライン**	「トラック運送業の適正運賃・料金検討会」の議論を踏まえ、コンプライアンス違反を防止しつつトラック運送機能の持続的確保を図る上で一定のコストが必要となることなどについて荷主・運送事業者双方の共通理解を促すために、事業の実施におけるコスト構成や運行事例なども含めてを取りまとめ http://www.mlit.go.jp/common/001267339.pdf

※出所／国土交通省資料より著者作成

送事業者に義務づけるべく、ここでも法改正が行われました。改善の第一歩を進めるために業界側からできることとして、実態の見える化のための手が打たれたわけです。

約款の改正のほかにも、トラックの取引条件を改善するためのこの3年間ほどの行政の動きは、極めて活発です。すべてを追いきれないくらいなのですが、これらの動きには、「今が取引見直しのチャンスであり、好機逃すべからず」とする行政のメッセージが込められています。主なものをまとめてみました。これらはすべて国交省のホームページからダウンロードできるようになっており、関係者には一読をおすすめしたい内容です（P127 図表4－4）。

２ 物流業界の「働き方改革」が動き出した

長時間労働にブレーキをかける

「働き方改革」は、現在、政府が最も強力に推し進めている政策の一つです。物流業界においても働き方改革に本気で取り組み、長時間労働に頼らない物流の仕組みを作らなければならないというところから、これまでにない動きが生まれています。

以下でトラック運送業界の働き方改革をめぐる動きをみていくこととします。トラック運送業はこれまでは、一般の労働時間規制の適用除外とされてきた業種でした。長距離運転で連続的変則的な勤務が不可欠になること、繁忙期には業務の集中を免れないことなどを鑑みて、１９８９年に労働大臣から「改善基準告示」という業界固有の規制が告示されたのです。

しかし、２０１５年の過労死防止大綱において、トラック運送業が「過労死などが多く発生している重点業種」の筆頭にあげられたあたりから、トラック運送業界にも一般業種と同等の規制を適用していくべきだとする声が大きく聞かれるようになりました。

2018年6月に成立した「働き方改革法」の審議でもこの声は力を増した感があります。たとえば、2020年以降に適用されることになった罰則付きの時間外労働上限規定については、「2024年のスタート時は特例で年間960時間までとするが、その後は、他の業種と同様の720時間までをめざす」という方針が示されています。

現時点での業界の長時間労働の実態は深刻で、改善基準告示さえも守れていない例が珍しくありません。国交省の2015年調査では、長距離トラック（1運行の走行距離が500キロメートル以上）の1運行あたり時間は平均で16時間を超え、「改善基準告示」で示された限定付きの上限を上回るということになります。その後も、長時間労働がドライバー不足を加速させるとともに、「ドライバーが足りないために、現存のドライバーが無理なスケジュールで運転せざるを得なくなる」という悪循環が続いています。

現在、行政は「今後は断じて容赦しない、特別扱いもしない」という強い構えで、新たな方策をどんどん打ち出しています。業界もかつてない真剣さで、ドライバーの長時間労働是正に力を注いでいると言えます。

「働き方改革は運び方改革」――期待される政府行動計画

2017年3月、国交省は「自動車運送事業の働き方改革の実現に向けた政府行動計画(88項目)」を策定しました。

改革の柱は「労働生産性の向上」「多様な人材の確保」「取引環境の適正化」の3本です。筆頭の「生産性の向上」は「輸送効率の向上」が中核で、88項目の約半数がこれにかかわるものです。「働き方改革は、運び方改革」というわけです(図表4－5)。

「多様な人材の確保」には、労働環境を改善し、女性や高齢者を含む幅広い人材が働ける職場にしていくことでドライバー不足を緩和するということに加え、変革を推進できる人材を育てる、意識付けをするという課題も含まれます。最後の柱の「取引環境の適正化」には、施策を進めるのに不可欠な荷主などの協力を取り付けること、そして、前項で取り上げた「適正運賃の収受」があげられています。

「運び方改革」、すなわち輸送効率の向上について、新しい動きとしては「待機時間をなくす」「バラ荷役をなくす」という二つのテーマへの取り組みが、かなり進んできています。

待機時間は運行時間の中で明らかにムダですが、当然ながら、待たされる立場の運送事業

■図表４－５／自動車運送事業の働き方改革の実現に向けた政府行動計画88項目

1 労働生産性の向上

輸送効率の向上 40項目

■ 荷待ち時間短縮の取り組み推進、トラック予約受付システム等の導入促進

■ パレット化、スワップボディコンテナ車両の導入支援

■ 隊列走行、自動運転サービスの推進など

運転以外の業務効率化など 7項目

■ IT点呼の拡大、運行管理効率化など

2 多様な人材の確保・育成

働きやすい環境の整備 14項目

■ 中継輸送の普及促進、職場環境の改善、ホワイト経営認証など

運転者の確保 4項目

■ 職業訓練、マッチング支援など

3 取引環境の適正化

荷主・元請け等の協力の確保 16項目

■ 荷待ち時間削減への働きかけ、荷主勧告制度の運用強化

■ 荷主対策の深度化（「荷主配慮義務」）、「ホワイト物流実現国民運動」の実施など

運賃・料金の適正収受 3項目

■ 標準運送約款改正の趣旨の浸透など

4 インセンティブ・抑止力の強化 4項目

■ 事業者団体のアクションプラン実現支援、ホワイト経営「見える化」など

※出所／国土交通省資料より著者作成

者に、抜本的な改善の術はありません。ただ、確実に変化は起こっています。２０１７年７月から「待機の実態の記録」が義務付けられたわけですが、およそこのあたりから、「繁忙日に、長時間待機をしていたトラックが、ある時間になったら『労働時間基準を超えるから』という理由で帰ってしまった」という話が、いろいろな荷主から聞かれるようになったのです。

荷主にしてみれば、これまでの常識からしたら、忙しい日に運送事業者が仕事を投げ出して帰ってしまうなど考えられないことで、驚き、憤慨していました。しかし、１年が過ぎたいま、この行動は決して非常識ではなく、むしろ当たり前のことになってきた感があります。荷主側でも、「トラックは、あまり待たせると帰ってしまうものだ」という新しい常識に沿った対策を講じるようになっています。

荷主側の対応として当たり前になりつつあるのが、事前に予約を受け付けて混雑を緩和し、待ち時間を減らそうとする取り組みです。

予約の仕組みをうまく使えば、「先着順」の無計画な運用よりも待ち時間が短縮されることは間違いありません。また、最近の予約システム導入費用の低下も特筆に値します。予約と進捗の情報をクラウド上のデータベースに蓄積し、ここにドライバーがスマホなどでアクセスする形を取ることで、数十万円の初期投資で導入でき、運用コストも数万円というものが提供されはじめているのです。

ただ、予約システムさえ入れれば待機がなくなるわけではありません。待機をなくすためには、トラック1台ごとの積み下ろし時間を短縮して回転を上げることが不可欠であり、そのためにも荷物を一つひとつ手作業で積み下ろしする「バラ荷役」をなくし、パレットに積んでフォークリフトで荷役するという対策が有効です。

ここからは荷主の取り組みとなるわけですが、ここでも「最近のトラックはバラ荷役などやってくれない、パレットに積まないことには運んでもらえない」という事態が、これまでパレット化が進まなかった分野でのブレイクスルーを生んでいます。最近では、「積載率が下がっても回収コストがかかってもやむを得ない。トラックを待たせないことが優先だ」という明確な方針を打ち出し、強い意志をもってパレット化を進める荷主がみられるようになりました。

施策の中に登場する「スワップボディコンテナ」はトラックの荷台部分を取り外せるようにした特殊な箱で、入荷時は、そのままトラックから外して倉庫に下ろし、出荷時は、荷主側で積み込みをすませたものをトラックに載せることができます。

積み下ろしの省力化、時間短縮という意味では極めて画期的な新兵器ですが、「トラックなどいくら待たせても気にしなくてよい」というかつての風潮であれば、普及の見込みは薄かったと考えられます。ここへきて注目を集め、本格的に導入する荷主も出てきているのは頼もしいことで、今後の活用が期待されます。

「荷主配慮義務」と「荷主勧告制度」の強化

運送業界の働き方改革に必要な荷主の協力を得るということについては、目下、行政が極めて活発な動きをしています。前項で紹介した２０１８年12月の貨物運送事業法改正には、「標準的運賃の制定」に加えて、「荷主勧告制度の強化」「『荷主配慮義務』の新設」の二つの施策が盛り込まれています。

荷主勧告制度は、過労運転に対して（過積載運行など法令違反全般が対象になります）荷主の関与が認められる場合に、再発防止のための措置を勧告するとともに、荷主名を公表するという罰則規定です。これまでは、荷主関与の判断基準が明確でなかったことなどにより、実効力を発揮しづらい罰則だったのですが、２０１７年から2回にわたる制度改正で、「運送事業者が処分される前でも勧告できる」「勧告と同時に荷主名および概要を公表する」など、実効性を高める策が打たれました。

法文（通達）の中には、勧告要件に該当する荷主の行為の例として、こんなことが書かれています。

荷主の管理に係る荷捌き場において、手待ち時間が恒常的に発生しているにもかかわらず、当該手待ち時間の解消に係る事業者の要請に対し、社会通念上行われるべき改善措置を行わないこと

この一文は少なからぬ荷主にとって、心当たりのある内容であるに違いありません。働き方改革法が成立し、長時間労働の是正への関心が高まるタイミングで、改めて荷主の責任が問われ、罰則規定の存在が周知されつつあることは、大きな啓発効果を持つように思われます。

新設の荷主配慮義務については、「運送事業者が法令遵守の運行ができるよう荷主の配慮義務を新設する」と書かれているのみですが、今後、この義務が荷主への協力を要請する根拠として活躍する場面があることが期待できます。

あと二つほど、国交省主導の取り組みを紹介しておきたいと思います。

一つは「ホワイト経営認証」です。働き方改革に積極的に取り組む運送事業者を「見える化」

するという目的で、2019年度の創設を目指して準備が進んでいます。検討会の資料によれば、認証のためのチェック項目（案）として、以下のような内容があげられています。

・働き方改革に取り組む体制、PDCAができているか
・労働時間・休日が適切に設定され・運用されているか
・従業員の健康、心身の安心・安全が保たれているか
・多様な人材の確保・育成に取り組んでいるか

また、もう一つは事業者の認証と合わせて、荷主や消費者まで対象を広げてこの問題への対応を呼びかけていく「ホワイト物流実現国民運動」という考え方も提唱されています。これらはいずれも、働き方改革に取り組む運送事業者を応援する環境づくりだと言えます。

働き方改革がドライバーの収入減につながってはならない

ここまで新しい動きとして荷主の変化、国交省の支援についてみてきました。最後に、物

流業者自身にとって、働き方改革がどんな意味を持つのか、ということを考察しておきたいと思います。

働き方改革によってドライバーの負担を軽減することは、ドライバー不足対策としてまさに本丸のテーマです。中継輸送などでドライバーの泊りがけの業務を減らして日帰りできるようにする、力のいる重労働をなくす・減らす、待機やバラ荷役を減らすことで残業をなくす、土日の休みや有休がきちんととれるようにする。こうした基本的な労働環境の整備を進めることは、ドライバーの定着を図るとともに、女性や高齢者を含む幅広い人材を取り込んでいくことにもつながるわけです。

ここで重要なのは、ドライバーにとって前向きに取り組める働き方改革でなければならないということです。「長時間労働が減るのはよいが、収入が減るのは困る」というジレンマを抱え、時間短縮に対して不安や不満を持つという側面もあります。ドライバー自身に改革への意欲がないと、改善策に対して十分な協力を得られず、本来発揮するはずの時短効果も弱まってしまいます。

ドライバーには、これまでと同じ収入が確保されたうえで長時間労働を改善するということが不可欠なのです。さらに言えば、ドライバーや運行管理者自身が業務改善に取り組んで労働時間を削減した場合には、その成果が会社から正しく評価され、報酬が上がり、やりがいに反映されていくのが理想的です。

「時間短縮手当」と「効率改善手当」で時短の風土を作った「北王流通」

働き方改革に取り組んで成功している、ある物流事業者の事例を紹介しましょう。「北王流通」は東京都北区に本社のある物流会社（社員約400人）で、メインの業務はレストランや学校、オフィスの食堂といった外食産業向けの物流です。冷凍冷蔵倉庫を備えた物流センターから24時間365日営業で、関東全域への配送を行っています。

北王流通では、「生産性を高めて労働時間を削減した分を、成果給として手当を支給する」という制度を導入しています。成果給には「時間短縮手当」と「効率改善手当」の2種類があり、いずれも改善の効果が評価に組み込まれ、手当に直結するという仕組みになっています。ドライバーがルートを工夫して配送時間を短縮した場合、庫内作業者が作業を工夫してより短時間で作業を終わらせた場合など、その成果を数値で明らかにしたうえで、一定の算出式に基づいて算出された手当に還元していくのです。

二つの手当ては「早く終わらせて給料が上がるなら、工夫のし甲斐がある」と改善へのモチベーションになり、若手社員からも「プライベートな時間が増えるのはありがたい」と歓迎されています。

働き方改革を会社全体の活力につなげる

北王流通がこれらの手当てを導入するまでの経緯について、少し説明を加えておきましょう。

平成2年の事業開始以来、食品専門で外食産業向けの物流に強みを持つ物流会社として、北王流通の売上は順調に拡大してきました。しかし、成長の過程で、社員の働き方という意味では危機的な状況に直面した時期もありました。夜間作業を本格化させ、24時間のシフト制勤務を導入した頃、従業員同士の意思疎通が希薄になり、仕事への不満がたまって離職率が高まる、未経験者が増えて仕事の生産性が落ち品質も下がる、そのために、さらに不満がたまるという負のスパイラルに陥ってしまったのです。

事態を打開するために、経営陣が打ち出した方針は、次のようなものでした。

・社内のコミュニケーションをよくして、改善の風土を作ろう
・成長の機会を与えよう
・改善や成長を評価し、フィードバックしてやりがいを育てよう

具体策としては、全従業員を4～8人のグループに分けて「ありがとうサークル」を設置し、月に1度、仕事の課題や意見、要望を話し合う場を設けました。さらに、改善提案制度を導入し、初心者向けのトレーニング研修や管理者向けの研修などレベル別の研修制度を充実させて、成長とコミュニケーションの機会を確保しました。

成果給の導入は、これらの取り組みが定着して、成果をフィードバックする手段を検討する中で編み出されたものです。「社員にせよ、パートタイマーにせよ、『長時間働くほど報酬が高い』という従来の評価制度だけでは、改善の風土を根付かせていくことはできない。逆方向の制度が必要だ」と、北王流通の古瀬伸幸常務は語っています。

現在、北王流通では、働き方改革自体が会社を活性化し、継続的に生産性を向上させる原動力となることで、さらに時短が進むという正の循環が生まれていると言えます。

❸ トラック運送の持続性確保に必要な荷主の協力

「当たり前なこと」が守られていなかった

2018年の暮れも押し迫った12月27日、国交省から『トラック運送サービスを持続的に提供可能とするためのガイドライン』がリリースされました。12月8日の貨物運送事業法の改正から間髪入れずに作成されたこのガイドラインには、「運送サービスを持続的に提供するために荷主と運送業者双方が共通の理解を持っておく必要がある項目」について解説されています。

内容は、本来「当たり前なこと」なのですが、これまでは、それが当たり前でなかったというのが現実でした。これらは、物流危機克服のために不可欠な内容ですので、ここで改めて見ておきたいと思います。

その内容は、二つに大別されます。

①トラックドライバーの拘束時間において、コンプライアンス（法令順守）違反を防ぐための対策
②トラック運送機能を持続的に提供するために必要となるコストを賄うための指針

これらはいずれも運送業者だけでは対応が困難であり、荷主の理解と協力が不可欠です。そこで、運送業者と荷主が同じ理解のもと、協力して取り組むことをねらいとして作成されたのが、このガイドラインです。

いずれの項目とも、より深く荷主を巻き込んだうえで、抜本的な解決を図るための具体策が絞り込んで示されていると言えます。抜本的な解決策とは、「トラック運送におけるムダな時間をなくす」「発生するコストを適正に算定する」という二つです。

「高速・フェリー利用」と「待機・荷役をなくす」で時間短縮

まず、ドライバーの拘束時間についてコンプライアンス違反を防ぐためには、荷待ちや荷役時間の長時間化の抑制と高速道路やフェリーなどの利用による運転時間の短縮が指摘され

ています（図表4－6）。

ご存じのようにドライバーの拘束時間は、原則1日13時間以内に抑えることが規定されています。13時間を超える場合は、1日16時間以内まで認められていますが、15時間超えは週2日以内とし、一カ月で293時間以内に抑えることが法律で決められます。

これまでは、この拘束時間を超えた運行が少なからず見られました。その原因は、トラックによる長距離運行があったこと、それに運転以外の荷待ちや荷役などに多くの時間を取られていたことにあります。これらは荷主側の要請や都合によって、発生していました。そこで運転時間や荷待ち・荷役時間の短縮について荷主側に理解と協力を求めているのです。

運転時間の短縮については、

① 高速道路の利用

② フェリーなどの利用（乗船時間はすべて休息時間）

の二つがあげられています。これしか方法はありません。

ここでは当然、高速利用料金やフェリー料金などが発生します。また、フェリー利用の場

■図表4－6／効率的な運送を可能にするために

荷主と運送事業者が協力して取り組むべきこと

■ 長距離運行では、高速道路・フェリーなどを利用する

→利用料実費を賄える料金設定

■ 荷待ち・荷役時間の抑制と、待機時間料の設定

①荷待ち時間の抑制
→予約システムの導入、検品・仕分け作業の効率化

②荷役時間の短縮
→パレット利用、フォークリフトなどの利用

③荷主都合により生じた待機時間や付帯作業には、「運賃」とは別建ての料金を収受

※出所／国土交通省「トラック運送サービスを持続的に提供可能とするためのガイドライン」

合は、リードタイムの延長も考えられます。これらについて荷主に協力を求めているわけです。

また、荷待ちや荷役時間の短縮については、トラック予約システムの導入や検品・仕分け作業の効率化、さらにパレットなどによる機械荷役の拡大が求められています。

これらは、いままでも指摘されてきたことであり、決して目新しい施策ではありませんが、「ドライバーの拘束時間規制の順守のために、これだけはやるべきだ」と絞り込んで断定的に示している点に行政側の強い意志を感じます。

第3章の荷主の動向のところでも紹介しましたが、これらについては、もう当たり前のように取り組んでいる荷主も少なくありません。トラック運送業者が荷主に協力要請するというよりも、荷

主側から積極的にその方向に舵を切るべき状況にあると言って過言ではありません。

「利害・対立」から「理解・協力」の関係へ

このガイドラインで興味深いのは、運送コストの構造について具体的に示していることです。先ほど説明した「貨物自動車運送事業法」の改正では、「標準運賃の提示」ができるようになりましたが、その具体的な姿はまだ見えていません。ところが、このガイドラインでは、標準的な運送コストについて、一部ですが目安となる数値が示されています。次ページの図表4－7を見てください。

「運送に必要なコスト」は、運行費、車両費、人件費、税金・保険料、その他運送費など「直接費」と呼ばれる費用と、一般管理費、施設費など「間接費」と呼ばれる費用の二つに大別されます。このガイドラインで注目すべきは、人件費の内容と間接費について目安とすべき割合が注記されていることです。

まず、人件費については、ドライバー人件費と運行管理者の人件費が対象になり、雇用保険、健康保険、厚生年金保険など、いわゆる福利厚生費が人件費の18％強に相当することが

■図表4-7／運送に必要なコスト

■直接費（運送費）

運行費	燃料費、油脂費、修理費、タイヤ・チューブ費・尿素水費など
車両費	減価償却費、車両リース費
自動車関連諸税・保険料	自動車取得税、自動車重量税、自動車税、自賠責保険、任意保険
人件費	ドライバーの人件費、運行管理者の人件費、福利厚生費、退職金など
その他運送費	車庫の賃料、高速使用料、ドラレコ・デジタコの導入管理費、安全管理機器などの導入管理費、荷物固定・保護用の機器などの購入費

福利厚生費はドライバー・運管の人件費に対し約2割（※1-3）

■ 間接費

一般管理費、施設費、事故処理費、租税公課雑費など

間接費は直接費100に対して32＋アルファ（※4）

※1 福利厚生費比率は平成28年度全日本トラック協会経営分析報告書に基づき試算
※2 法定福利費事業者負担比率は厚生労働省などHPより
※3 福利厚生費には法定福利費を含む
※4 平成28年度中小企業実態基本調査に基づき試算
出所／国土交通省「トラック運送サービスを持続的に提供可能とするためのガイドライン」

明示されています。間接費は、直接費の32％強に相当すると示されています。

これらの数字は、これまでこのような形にまとめて示されたことはありませんでした。荷主に対して運賃の内訳をイメージする際、人件費はドライバーと運行管理者の給与だけでなく、必要な福利厚生費を2割足したものになるわけです。

また、人件費については、トラックドライバーの給与が、他産業と比べて、時間単価が約2～3割低く、いま運送事業者がドライバーを確保していく上では、この差が縮小するようにしていくことが重要だと指摘しています。

さらに、燃料費については、燃料価格は大きく変動し、その変動は運送事業者がコントロールできないため、燃料サーチャージ制の導入が重要だとも指摘しています。

このように運送コストについて一歩踏み込んだ提示がなされている背景には、「発生するコストを賄えない状況では、コストを無理に削減するため、1人のドライバーで拘束時間の限度を超えて運行したり、適切な点検整備が行われないなど、コンプライアンス違反が惹起されるおそれが増加する」という認識があります。

このような認識を踏まえて、「法令を遵守しつつ持続的に運送機能が提供される上では、こうした必要となるコストを賄えることが重要となります」と指摘しています。

トラック運送の持続性は、トラック運送業者にとって大きな課題ですが、これは同時に、荷主にとっても自社の物流を持続させるために必要不可欠なことに違いありません。荷主と運送業者は、利害が対立する関係から、相互の理解と協力が必要な時代に移りつつあると言えます。

第5章

「AI」「IoT」「ロボット」が物流を変える

1 データ活用で「暗中模索の物流」から脱皮

「ロジスティクス4・0」で生産性向上にチャレンジする

物流は典型的な「労働集約型産業」と言われています。

たしかに、倉庫内作業では、多くの人が歩き回って出荷商品を探し当て、それを取り出して箱詰めや梱包を行い、トラックに載せています。繁忙期になると、作業者を大幅に増員して対応しています。

機械化が進んでいると言われるメーカーを見ても、それは生産現場のみで、倉庫の中で行われる作業は、ほとんど人手に依存しています。つまり、物流現場は、これまで十年一日の如く同じ状態が続いてきたのです。大きな技術革新は起こってこなかったということです。

このような物流の世界が変わろうとしています。いや、正確に言うと、変わらざるを得ない状況にあるということです。それは、人手不足に起因します。どうやっても人手を確保することがむずかしくなったからです。

数年前より「ロジスティクス4・0」という言葉が使われはじめました。これは物流の世界に技術革新を導入しようという動きです。その発端となったのが、「インダストリー4・0」です。日本では「第四次産業革命」と呼ばれています。

インダストリー4・0とは、ドイツ政府が推進する製造業の革新です。ものづくりの世界において、インターネットを通じてあらゆるモノやサービスを連携させることで劇的に生産性を向上させようというチャレンジです。

たとえば、過去の生産状況を見ながら今後の生産計画を策定しようというときに、これまでは生産状況について、手書きされた伝票などを現場から集めて入力し、分析して議論の材料にしてきました。つまり、人が多くの手間をかけていたわけです。

ここにセンサーを持ち込んでデータ収集を行えば、人による入力の手間も解析もいらなくなります。人は、すでに分析のすんだデータを朝一番に入手し、すぐに議論に入れます。さらに、定型的なパターンであれば議論なしに、分析結果を現場に適用させることもできます。これがインダストリー4・0の世界です。つまり、最小限の人手で生産現場を最適化し続けることができるのです。

製造業においてデジタル化、IoT化（モノのインターネット化）を進めるというドイツ政府の宣言は世界にさきがけたもので、２０１１年に発表されています。

「スマートファクトリー」「ＩｏＴ」「ＣＰＳ」が主要な柱

インダストリー４・０は、「スマートファクトリー」「ＩｏＴ」「ＣＰＳ」の三つが主要な柱になります（図表５－１）。

スマートファクトリーとは、工場にある設備などをすべてネットにつないで（ＩｏＴ）、稼働状態を常に把握して分析し、最適化がはかれるように設備同士や人と設備とが協調して動くというものです。工場を物流センターに置き換えても同じです。

ＩｏＴは、ご存知のとおり、Internet of Thingsの頭文字を取った略称です。あらゆるものがネットにつながった状態を表しています。人手を介さずにデータを収集することを可能とします。

ＣＰＳとは、Cyber-Physical Systemの頭文字を取った略称です。ここでは、サイバー空間とフィジカル空間という二つの世界が登場します。簡単に言うと、サイバー空間とはインターネットが形成する情報空間を意味し、仮想世界などとも呼ばれます。これに対してフィジカ

■図表5-1／関係が大きく変化する人とインターネット、データ

ITがあらゆる領域に浸透	機器やセンサーから膨大な実世界観測データを収集・解析・活用する
インターネット空間と人々の接点が多様化	情報ネットワークが家電や自動車、街などともつながり、新たなサービスを創出したり、社会的な課題を解決していく
実世界と仮想世界の融合	実世界の多様なデータをサイバー空間で融合して収集・分析することで、新たな知識・価値を創出する

※出所／一般社団法人 電子情報技術産業協会資料より著者作成

ル空間とは、私たちが現実に生活し、仕事をしている世界です。これら二つの世界を融合した仕組みがCyber-Physical Systemと呼ばれるものです。

ＩｏＴ、この後に説明するＢＤ、ＡＩなどが働くのがサイバー空間です。現実空間にある多様なデータをセンサーなどにより収集し、サイバー空間で大規模データ処理技術・ＡＩなどを駆使して分析を行い、そこで創出した情報や価値を現実空間にフィードバックして、生産や物流の最適化を図ろうとするものです。

インダストリー４・０は、ＣＰＳを使って産業革命をしようという取り組みです。スマートファクトリーやＩｏＴは、ＣＰＳを実現するためのいわば、環境整備、前提条件ということができるのです。

ロジスティクス４・０は、インダストリー４・０の考え方や技術を物流に取り入れたものです。簡単に言えば、これまで人が行っていた運転や作業を自動運転や倉庫内ロボットといった新しい技術に置き替えることで、物流において技術革新を進めていくことをねらいとしています。もちろん、その取り組みは、いまだ緒に就いたばかりですが、その究極の姿は完全な無人化です。

AI、BD、ロボットを使った「無人化」は人手不足解消の救世主

物流における技術革新という点で欠かせないものとしてＡＩ、ＢＤ、ロボットがあります。ＩｏＴであらゆるものがネットにつながり、情報を発信したら、その大量の情報を収集・分析し、現実世界でどんな行動を取るかを決めなければなりません。

そのときに、これにいちいち人が対応するということは不可能です。そこで登場するのがＡＩです。ＡＩは、Artificial Intelligenceの頭文字をとった略称です。日本語では「人工知能」と訳されます。また、ＢＤとはBig Data（ビッグデータ）の頭文字をとったものです。ビッグデータとは、単に一般的なコンピュータでは処理しきれないような大量のデータという意味ではありません。これまで収集するデータと言えば、表計算ソフトで処理されるようなデータベースの形になっていました。

ビッグデータという場合のデータは、データベースもですが、さまざまな機器につけられたセンサーやスマートフォンのアプリなどから送られてくる音声や画像データなど、多種多様な形式となっています。

これらのビッグデータをＡＩで解析し、トラックの運行や倉庫内作業を最適な状態に維

持するというのが、これからの物流の姿です。近い将来、高速道路上を走るトラックは、無人トラックになっている可能性が高いですし、倉庫内作業も無人化の方向で進んでいます。

倉庫内作業で活躍するのがロボットです。物流現場における作業は、これまで3K（きつい、汚い、危険）と言われるように、決して働きやすい環境ではありませんでした。そこで、できるだけ人手に頼らない現場づくりが進められてきました。その取り組みテーマとして「効率化」が追い求められてきましたが、わが国の人手不足状況を考えれば、効率化では対策として不十分です。いま目指すべきは可能な限りの「無人化」です。

そのために有効な技術として登場してきたのが、AI、BDであり、それらをベースに動くロボットなのです。その実際の使われ方については第6章で紹介しますが、ロボットに期待されるのは、人間がいちいち指示を出さなくても、状況に合わせて勝手に働いてくれる機能です。このために必要なのがデータです。ありとあらゆる大量のデータ、まさしくビッグデータということになります。

国土交通省の「新技術の活用による物流革命」（図表5－2）をみてみると、物流のあらゆる部分でIoT、AI、ロボットの活用が想定されていることがわかります。

■図表5-2／新技術の活用による「物流革命」

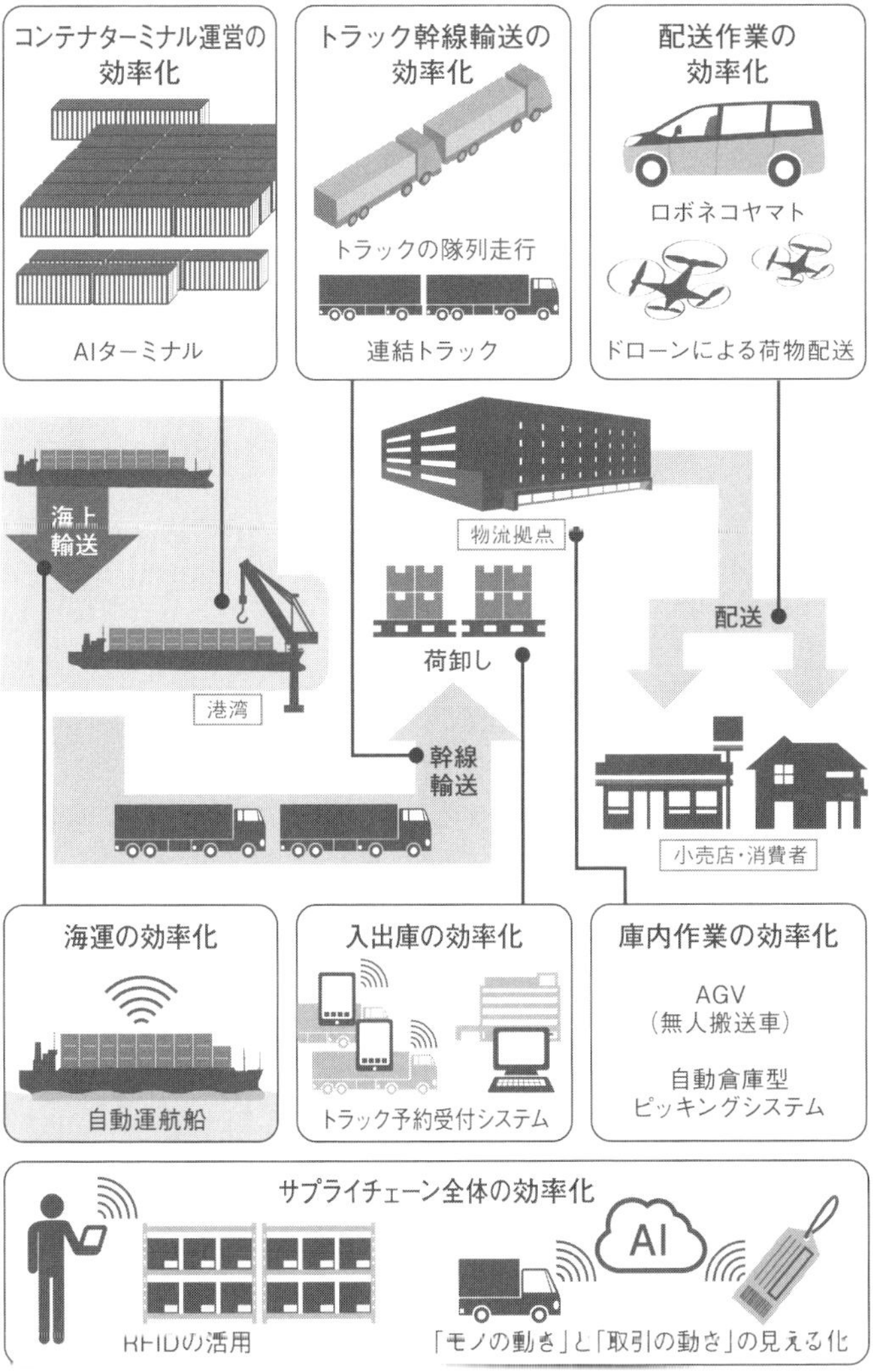

※出所／国土交通省資料より著者作成

ＩｏＴは現在の情報システムと何が違うか

ＩｏＴは非常に簡単に言うと、データ収集の手間をかけずに大量のデータを収集し、分析し、分析結果に基づいて、とるべき行動をとることが非常に簡単にできるというものです。データ入力がパソコンから人手で入力するのでなく、モノに設置されたセンサーから、自動的に情報が収集されることが大きな違いです。

身近な例で言えば、外出先から部屋の温度をはかり、早めにエアコンのスイッチを入れるよう指示するのはＩｏＴ技術の一つです。センサーは貨物本体やコンテナ、パレットなどのほか、物流機器にも設置することが可能です。情報発信のタイミングを設定しておけば、自動的にその時点の情報を収集・発信します。

センサーによって測定できるのは、温度、湿度、衝撃、傾斜、照度などです。たとえば温度管理の必要な貨物の輸送の際、適正な状態に保たれているかリアルタイムに把握することができるため、適正な範囲を超えたらすぐに別の貨物を手配するなど、迅速な対応が可能になります。

また、いつ衝撃を受けたのかも把握できますので、破損などが起こった際にも原因究明や改善について明確な根拠をもって臨むことが可能になります。センサーはあらゆるモノにつけることができるので、これらが収集する情報は膨大な量になります。この膨大な情報を迅速に処理・解析できなければ実用には使えません。ビッグデータの処理・解析技術が、ＩｏＴで集められた膨大なデータを分析し、現状把握・改善に使えるようにしたということができます。

２ AI、クラウド活用で効率化する

「車両の待機時間が7分の1」に大幅減少

日本の物流現場の多くは非常に高い精度の物流を行っており、最近は「検品は不要ではないか」という人もいるものの、現実は、まだまだ納品のたびに荷受け側スタッフが立ち合い、時間をかけて検品しています。その結果、検品作業を待って長時間待機を強いられるドライバーが多くいます。つまり、時間と労力のムダを積み重ねているのが検品です。

「ニチレイ」では、この検品にかかる時間を大幅に短縮するために、「予約システム」を導入し、あわせて発荷主から事前に積荷明細を送ってもらい、トラックが到着する前に情報の照合をすませるようにしました。

予約システムの導入にあたり、当初は、自社開発も検討しましたが、それでは業界共通基盤としての予約システムになりにくいと考え、既存サービスを利用することにしました。当然、事前に積荷明細を送付できる機能を持つシステムを導入しました。

運送会社の配車担当者またはドライバーは、パソコンやスマートフォンで予約を行い、積荷明細のＰＤＦ画像またはスマホで撮影した画像データをシステムに取り込みます。倉庫側では入荷予定情報と照合し、必要な作業を事前にすませておきます。予約した時間にトラックが到着したら、次に空いたバースへ優先して接車させ、入荷業務を行うのです。

この仕組みにより、予約車両の待機時間は、これまで平均1時間48分かかっていましたが、平均で15分に短縮できました。これまでの7分の1の待機にすることができました。

ＡＩで「複雑な配車」も自動化がすすむ

「配車」はトラック事業者の経営を左右する重要な仕事です。通常、届け先は複数個所になります。また、配送用のトラックも複数台あります。その複数ある届け先に複数あるトラックを割り当てる仕事が配車です。

この配車業務を支援する「配車システム」は、これまでもありましたが、最近、ＡＩを使った配車システムが登場してきています。ただ、ご存じのように、配車という仕事は、結構、複雑な業務です。たとえば、ここに30トンの荷物があるとして車両は10トン車が１台、４トン車が6台。時間指定がある顧客が3件、4トン車しか入れない届け先が3件といったような条件を踏まえて、どの顧客への配送をどの車に分担させるのが一番効率がよいかを検討するのです。

なかには「車両はこれから調達する」という場合もあり、推測で配車しておいて、実際に調達できた車両に合わせて配車を組み直すといったことも行われます。

このような業務内容ですので、初心者に配車をさせようと思ってもなかなか困難です。従来のコンピュータは、初心者でもできるようなシンプルな業務であれば、正確に、かつ迅速にこなすことができます。それこそ初心者とは比較にならないレベルです。しかし、配車業務というのは、ベテランが初心者に方法を説明することさえ面倒に感じる複雑な業務です。あいまいな部分が多くあるために説明しがたいと言ってもよいでしょう。このため配車担当者によって配車の巧拙には差があり、同じ出荷内容を配車させても、担当者によって大きく異なる結果になるだろうと言われています。このような業務を支援するために作られた従来の配車システムを熟練の配車担当者が「使えない」と言うのも仕方のないことだったかもしれません。

ところが、ＡＩの登場で、熟練配車担当者に近い結果が期待できるようになってきています。「コストが最小になる配車をやる」といった目標を与えることで、ＡＩが大量の組み合わせ計算を行い、一番目標に沿った解を示してくれるということです。

ＡＩを使った配車システムは「自動配車」であることが求められます。これには次の要素の機能が、人手をかけずに行われることが必要とされます。

① 日々の貨物量と輸送条件に応じた最適な車両の編成と台数の算出
② 各車両に対する荷物の割り当てと輸送順番の決定
③ それぞれの訪問先に対する予定到着時刻の算出

ただ現時点では、このようなＡＩを活用している配車システムは、まだ数えるほどしかありませんが、今後、拡大が期待できます。その効果としてよく言われるのが、配車時間の速さです。たとえば、「大塚倉庫」ではＳＥＡＯＳ社の輸送管理システム「ＱＵＥＮＴ」を用い、配車時間を１８０分から20分に短縮できたことで、新たな取り組みを可能にしました。

その取り組みは、車両の有効活用です。これまでは顧客配送の指定時間がすべて「翌日午前中」だったため、午前中には、顧客分の車両を用意しなければなりませんでした。その結果、午後には車両が余っているという状況でした。よく見る光景です。

この場合、解決策は、午後納品ができればいいのですが、翌日午後納品は、多くの場合、許容されません。荷物の到着が遅れることを嫌がる届け先が多いからです。そこで考えたのが、「当日の午後」に納品を前倒しすることでした。これについては、許容してくれる届け先が多くありました。

ただ、この場合、ポイントになるのが時間です。当日12時までに来た注文を午後配送するためには、かつてのように配車に１８０分もかかっていては不可能です。これを20分ですますことができれば、午後納品が可能になります。このようにして、当日の午後に納品することを可能にしたのです。トラックの回転率は、１・２回転から１・７回転にあがり、約３割のトラックを削減できました。削減されたトラックは、新たな仕事で稼ぐことができるようになったのです。これは大きな効果です。

また、「ヤマエ久野」では、ライナロジクス社の配車システムを日々の配送業務に活用しているほか顧客への提案などの際にも活用しています。従来の配車システムでは人が操作をしていたこともあって、誰が操作するかにより配車の結果の精度に差があると感じていたと言います。これでは顧客に対して満足のいく提案はできません。

ヤマエ久野物流業務本部部長の宮嵜務氏によれば、この配車システムでは、ほぼ人が最終調整しなくても満足のいく結果が短時間で出るため、非常に使い勝手がよいということです。

クラウドでWMSシステムを格安で利用する

物流センターを効率的に運営しようとするときに、WMSの導入は有効な方法です。WMSはWarehouse Management Systemの略称で、日本語では「倉庫管理システム」と呼ばれています。WMSは以前からあるもので、AI時代の産物というわけではありませんが、まだ導入していないという物流現場があるならば、利用を検討する価値があると思いますので、紹介しておきます。

WMSは入出庫や保管の作業を正確に、スピーディに行うための情報システムです。在庫量を正確に把握するためのものでもあります。機能としては、受注システムや基幹システムと連携し、ピッキングリストの出力などを行います。ピッキングリストは、ピッキングすべきモノのロケーションと数量、品名などが表示されますが、リストに提示される順番が重要です。最もムダなく、手戻りなくピッキング作業ができるかたちで表示されるべきです。

また、先入先出ができるようにロットナンバー管理、賞味期限管理なども行います。ロケーション管理も重要な機能です。ＷＭＳがあれば、新人でも作業ができる環境が整うと言ってよいでしょう。

古くからある倉庫では、一人ですべてを仕切っている「親方」のような人がいて、この人が「すべて把握」している一方、この人がいないと作業が滞るといった話を聞くことがあります。ベテランを大事にするのは悪いことではありませんが、会社の重要な財産であり、重要な機能を果たすべき倉庫が属人化しているのは問題です。

今後、作業者は高齢化していき、作業者の採用はますますむずかしくなるという状況を踏まえれば、倉庫作業はもっと誰もが簡単にできるようにしておく必要があります。

ＷＭＳを導入し、バーコードなどを活用した入出荷作業を行うことで、新人でも正確な作業が行えるようになります。

ＷＭＳは、倉庫の作業状況や在庫状況をデータで見える化する仕組みといってもよいでしょう。ＡＩ、ＩoＴ社会において、倉庫内の状況がデータで見えない状況だとすれば、他社と比べて非常に遅れた状態になるおそれがあります。

倉庫内作業の効率化を図るためには、作業指示を効率的なものにする必要があります。入荷があったときに、出荷が楽なように出荷状況を見込んだロケーションに格納するよう指示を出すとか、先入先出を守りながらムダのないルートでピッキングして回る順番でピッキングリストを出すなどが考えられますが、倉庫内の状況がデータで把握できていなければ、このようなことは不可能です。

よほど小規模で投資対効果が見込めないということでもなければ、倉庫内のデータ把握、データによる管理にぜひ取り組んでもらいたいと思います。

情報システムというと自社開発するのかクラウドで利用するのかという選択肢があります。自社開発の場合、自社に情報システム部門を抱えているのでなければ、システム会社に委託して自社専用のシステムを開発してもらうことになります。

自社専用のシステム開発を行い、データ保管も自社で行う場合、データが外に漏洩するリスクは少ないと言いたいところですが、実は必ずしもそうでもないというのが実情です。もちろん、非常に高いセキュリティレベルを達成しているところもあるでしょうが、悪意のあるハッカーなどに狙われた場合、よほどそういった脅威に慣れた人がいなければ対応は不十分になってしまいます。対応しようにも、さほどの人数を割くことができないからです。

一方、クラウド型であれば、そもそもデータは他社と一緒に保管されていますが、大規模なクラウド型システムを提供している大手システム会社は、悪意のあるハッカーとの戦いについては非常に長けています。セキュリティレベルは、大規模なクラウド型システムのほうが、独立型自社開発システムよりも高いと言って過言ではありません。どちらが自社にふさわしいか、コスト、セキュリティ、導入効果、拡張性、使いこなすための負荷などの視点から検討すべきでしょう。

クラウド型ＷＭＳはいくつかありますが、月額数万円から利用できるものも少なくありません。これらは、ネット通販事業者などの利用が多いようです。

クラウド型ＷＭＳを広く提供しているロジザード社の遠藤八郎会長によれば、１日30件程度の出荷が毎日あるようなら、システム導入の価値があるそうです。ただ従来のやり方を変えることには抵抗があることも多く、出荷が増えてきても、そうそうシステム化の検討などはなはじまらないようです。ただ、１日１００件の出荷があるようになれば、「システムが必要」と考える企業が多いそうです。

クラウド型ＷＭＳの提供方法は、インターネット経由で、複数のユーザーに対し、基本的には同じものを利用させるというものです。以前、ＡＳＰ（application service provider）という呼び方がありましたが、それと同じと言っていいでしょう。インターネットを通じてシステムを利用し、利用状況に応じてコストを支払います。WMSについては月額固定料金というところが多いようです。自社のためだけに開発してもらうものではないので、格安で利用できますし、大きな利点として、「使いたいと思ったらすぐに使える」という点も指摘できるでしょう。

「トラック荷台の空きスペース」もシェアリング

これまで述べてきたように、トラックは常に満載で走っているわけではありません。「どの車両にどれくらい載せられる」ということがわかれば、これを有効活用できることになります。「セイノー情報サービス」では、トラックの荷台の空きスペースをシェアできるサービスの開発に取り組んでいます。

荷物とトラックの空きスペースをマッチングさせるには、空きスペースの大きさ、荷物の組み合わせ（においの問題など、一緒に運んでよいかどうか）、集荷場所・時刻、配達場所・時刻などを考慮する必要があります。

このうち場所や時刻など、運行に関わる情報はデータで把握することができます。問題はトラックの空きスペースで、これまでは車両の荷台をスタッフが目視で確認するとか、撮影することによってしか、状況を確認することができませんでした。

ここにＡＩによる画像認識技術を持ち込んだところ、かなり精度の高い判別ができたそうです。

用いたのは、IBM Watsonの画像認識アプリケーションです。大量の画像データから学習し、撮られた画像を見て積載率を自動で判定することができます。

まず、荷台の写真を大量に用意し、「この写真は積載率25％」「この写真は積載率75％」と、ＡＩに学習させようとしました。

大変だったのが荷台の全貌を１枚の写真に撮ることでした。いろいろな角度、カメラでチャレンジしましたが、一般的なカメラではどれも必要な部分が、どこかしら写らず、積載率の判別には使えるものになりませんでした。

そこで、３６０度撮影が可能な全天球カメラ（ＲＩＣＯＨ「ＴＨＥＴＡ」）に変更し、荷台の天井部分から撮影したところ、１枚に荷台全体を納めることができたので、この画像をもとにＡＩに学習させました。

開発チームは、１万枚程度の画像による学習が必要だろうと覚悟していたそうですが、今回は積載率を25％、50％、75％、100％の4段階で判定させるとしたところ、このレベルであれば、500枚程度の画像で判定精度100％を確保できたそうです。

荷物のマッチングについてもAIを活用することとし、セイノーグループの持つ大量の輸送実績を学習させました。そこから「積み合わせが可能なパターン」を認識させ、「積み合わせができないパターン」を判断させようというわけです。

輸送データ6万件を学習させ、荷物と空き荷台スペースのマッチング判定精度は78・6％となり、十分、実用に耐えられると判断されています。

配送の効率化——車両のシェアリング、無人化

トラックの有効活用で興味深いものに、「ハコベル」というサービスがあります。

みなさんは「全国タクシー」というアプリをご存じだと思いますが、スマホから簡単にタクシーを呼べるものです。タクシー会社を指定することもできますし、「最適な車両」を呼ぶこともできます。いまでは、タクシーを使う3～5割のお客さんがアプリ経由だとも言われています。こんな手軽さでトラックを手配できるのが「ハコベル」です。

どういうサービスかと言えば、荷主が運んで欲しい荷物の情報や条件などをサイトに書き込むと、登録している運送会社に瞬時に情報が伝えられ、平均6分で運んでくれるドライバーが見つかるというものです。運賃はサイト運営者が決めた定価となっており、支払いまでサイト上で行えます。

荷主にとっては、素早くスポット車両を見つけることができます。また、運送事者側では、空いている車両を遊ばせることなく追加収入を得る手段となるわけです。

サービス利用後には利用者がドライバーを評価しており、優良ドライバーのみをネットワークできるよう工夫がされています。ハコベルのこのサービスは、いまは車両単位ですが、トラックの空きスペースを対象にしたこのようなサービスも、これから登場するかもしれません。トラックは空に近い状態でムダに走ることが減り、収入を増やすことができます。

荷物を出す側の企業も、少量ならば少量なりの料金で運んでもらえる可能性が高まるメリットもあります。たとえば、少量の荷物を出したくてもスポットではちょうどいい車両が見つからず、割高な料金を負担せざるを得ないということはよくあります。このような事態を回避できる可能性があるのです。

ドライバー不足対策として究極の取り組みが、無人による配送です。つまり、自動運転トラックの導入です。いずれ無人で配送することを目標に、現在取り組まれているのが、ロボネコヤマトです。ディー・エヌ・エーとヤマト運輸により、自動運転車両に荷物保管ボックスを設置し、顧客の近所まで持って行くというサービスが考えられています。「オンデマンド配送サービス（ロボネコヤマト）」と呼ばれています。

①顧客はスマートフォンなどで受取場所・日時を指定する
②受付完了メールにて暗証番号を通知する
③受取場所に到着直前で利用者に通知する
④車載の荷物保管ボックスから利用者が直接受け取る

2018年4月の藤沢市での実験中の配送件数は、1日およそ20～30件、最高でも50件ほどでしたが、不在率は0・53％だったそうで、通常の20％前後と比較すると大きな違いです。「今後もロボネコデリバリーを使いたい」という意見は、他の手段も混ぜて利用するのも含め、99％に達しています。「誰ともやり取りせずに受け取れる」という項目に11％もの支持があるのは、興味深いことです（図表5－3）。

■図表5-3／ロボネコデリバリー利用者へのアンケート結果

従来の時間指定に比べピンポイントで指定できることで、待つストレスがなくなっていることへの評価が最も高い

Q. 今後もロボネコデリバリーで受け取りたいですか？

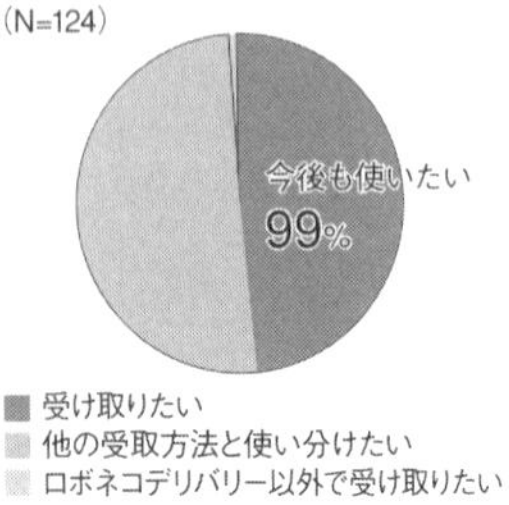

Q. ロボネコデリバリーを今後も使いたいと思う理由は？

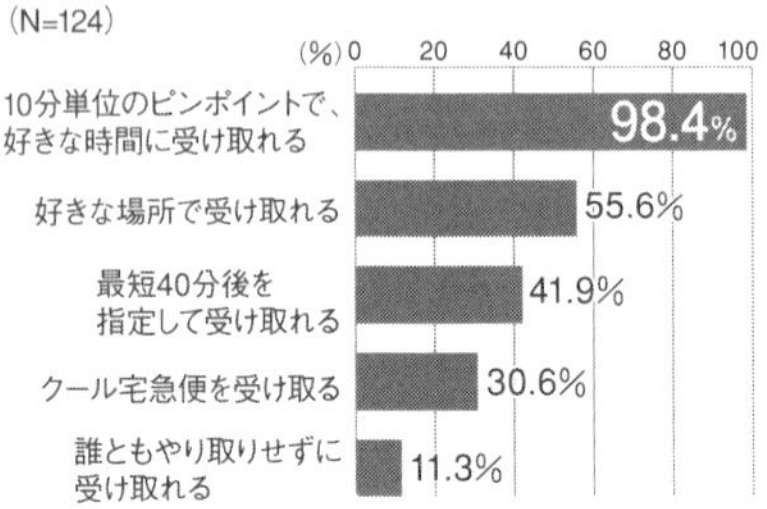

※出所／国土交通省資料より著者作成

荷物の受け取りは無人で可能で、ミニバンの中には宅配ボックスのような黄色いロッカーが設置されています。スマートフォンに表示させた二次元バーコードを読み取り機にかざすとロッカーの扉が開くので、そこから荷物を取り出すだけで完了です。

3 物流現場で期待されるロボットの活躍

そもそもロボットとは？

家庭でも「お掃除ロボット」が大いに活躍しています。お掃除ロボットが掃除を代行してくれるため、掃除に要していた時間を他のことに使えるようになっています。これは道具が進化して掃除の時間が短縮されるのとは、まったく違った変化です。物流センターでも同様な大きな変化が起こっています。

多くの人々を驚かせたのは、アマゾンで導入されていることで有名なアマゾンロボティクスでしょう。作業すべき棚が自動でこちらに走ってくるのです。

このような発想・技術は、今後もさまざまな現場の改善・抜本的な改革を推し進めていくものと期待されます。

ところでこのような画期的な変化をもたらすロボットとは、いったいどういうものなのでしょうか。経済産業省のロボット政策研究会において、ロボットは次のように定義されています。

「本研究会では、「センサー」「知能・制御系」及び「駆動系」の3つの要素技術があるものを「ロボット」と広く定義することとする。このため「検索ロボット」は、RTの一部であっても、ロボットの定義から外れる一方、自動車や情報家電であっても、上記3要素を持つものはロボットの範疇に入り得ることとなる。ロボットの定義を別の言葉で示すとすれば、「知能化した機械システム」という表現が適切である」

ここでRTとはRobot Technologyの頭文字をとった略称です。「ロボット技術」と訳されます。また、ロボットの定義から外すとされている「検索ロボット」とは、インターネット上に存在しているプログラムのことです。あらゆるWebサイトの情報を取得して、私たちが検索を行ったときに必要な情報に素早くあたれるように準備する自動巡回プログラムのことです。この研究会でのロボットの定義は、リアルな社会に存在するものに限定していると言えるでしょう。

ところでロボットというのは、もちろんこれまでも存在していました。工場や物流センターでも稼働していましたが、たとえば、柵に囲われて1日中パレットに段ボール箱を積み付けるような単純作業を繰り返すもので、人とは柵で切り分けられていました。

最近、登場してきた新鮮味のあるロボットは、人と隣り合って作業できるような、多様で複雑な作業をこなす能力を持っています。このようなロボットについて先の研究会では、『次世代ロボット』と呼んでいます。次世代ロボットの定義は、「次世代産業用ロボット＋サービスロボット」とされています。

次世代産業用ロボットとは、「『従来の人間と隔離された産業用ロボット』ではないもの」としてとらえると言っています。

具体的には、①多品種変量生産の現場で人間の代わりとして、または、人間と協調して働くことのできる「次世代産業用ロボット」と、②清掃、警備、福祉、生活支援、アミューズメントなど多様な用途に関し、サービス事業や家庭などの場において、人間と共存しつつサービスを提供する「サービスロボット」の二つとして、定義されています。

【ロボットの定義】

・ロボット3条件＝センサー＋知能・制御系＋駆動系＝知能化された機械システム
・次世代ロボット＝次世代産業用ロボット＋サービスロボット

出所：ロボット政策研究会中間報告書「ロボットで拓くビジネスフロンティア」平成17年5月 ロボット政策研究会

サービスロボットでは、「お掃除ロボット」などがすでに普及しています。ソフトバンクが提供するPepperは、次世代産業用ロボットとサービスロボットの中間に位置するかもしれません。次世代産業用ロボットとしての働きとして、物流業界では、Pepperによる点呼が考えられています。

点呼とは運送事業者において、ドライバーが出発するときに必ず行わなければならないもので、原則として運行管理者と対面により行われます。ドライバーの健康状態や酒気帯びのチェック、運行指示などを行うものです。Pepperは画像認識により、個人を正確に識別するので、「○○さんに対してだけ指示する内容」など決して忘れず伝えることができ、人間よりも優れた点もあるようです。

作業を代替する次世代ロボットに期待

物流現場で有効に働くと期待される搬送ロボットは大きく2種類に分けられます（図表5－4）。一つはGTPと呼ばれるもの。Goods to Personの頭文字をとった略称で、人のほうへモノがやってくる仕組みを指します。オートストアなどはGTPと呼ばれるタイプという

■図表5-4／GTPとAMPの違い

■ ロボットの特徴

	GTP	AMR
投資金額	高い	安い
自動化レベル	高い	低い 人の作業をサポートする 単一の作業を代替する
柔軟性	低い 決まった作業をするべく 設計されている	高い 人に合わせて移動ルートが 変えられるなど
代表的なもの	オートストア Amazon Robotics バトラー	無人搬送機(キャリロなど) 無人フォークリフト 宅配ロボット

ことになります。

もう一つはAMRと呼ばれます。Autonomous Mobile Robotの頭文字をとった略称で、人と一緒に動きながら働くものです。自動化のレベルとしてはGTPよりも低いですが、自由度が高く、投資金額も少なくてすみます。

物流現場では、それぞれの現場の特性、作業の特性に合わせて使い分けるのが有効だと考えられます。

AMRのタイプは現在の物流現場にそのまま導入できる可能性が高いものです。たとえば、「ついてくる台車」があります。ローコストで、非常にシンプルな仕組みです。月額数万円でリースすることができます。通常の台車は一人で1台しか動かせませんが、この台車はビーコンに反応して、人や前の台車についてくるのです。3台までカルガモ走行させることができるので、一度に3倍の作業効率で仕事ができます。

ピッキング作業の際にも、台車が一杯になったからと言ってピッキング作業を中断して移動し、新しい台車を取りに行くといったムダが起こりません。物量が多いと予想されたら、最初から2台、3台と台車を連れて行けばよいのです。あらかじめ経路を覚えさせておけば、自律的に貨物移動ができるタイプも開発されています。

棚が走って来ることで「歩くこと」が不要に

搬送機能を持つロボットとしてGTPの代表的なものに、アマゾンに導入されていることで有名なアマゾン・ロボティクスがあります。アマゾン・ロボティクスと、6章で紹介するバトラーとは、機能はほぼ同じです。KIVAという名前でご記憶の方もおられると思いますが、もともとはベンチャー企業の開発した搬送ロボットでしたが、2012年、この可能性に着目したアマゾンが買収し、Amazon Roboticsに変わったものです。アマゾンによれば、これまで約60～75分かかっていた作業が、アマゾン・ロボティクスの導入により、たった15

分で完了するそうです。日本のアマゾンの物流センターでも導入されています。このロボットの登場以降、似たような仕組みのものが、次々と発売されています。

このロボットがすごいのは、その発想でしょう。ピッキングという作業は、従来、棚の間を歩いて移動し、出荷する商品を取ってくるものでしたが、このロボットは棚がこちらにやってくるので、作業者は、ほぼまったく歩く必要がないのです。

物流センターでの作業の最大のムダは「探す」、その次は「歩く」と言われますが、その「歩く」作業を効率化どころか完全になくしてしまったわけです。また、保管棚は従来のように床にがっちりと台座を作ったりはしないので、物量に応じて少しずつでも増設が容易なところも利点であると思われます。

スペース効率をトコトン追求した新型自動倉庫も

自動倉庫も従来からあるものですが、ここにきて注目されている自動倉庫は、少しタイプが違います。この倉庫は日本と同じく国土が狭い北欧で生まれただけあって、スペース効率をトコトン追求しているのが大きな特徴です。従来型の自動倉庫は建物とほぼ一体化して建てられ、そのあとは増やすことも減らすこともできませんでしたが、新型の場合、増設も縮小も可能な仕組みになっています。

従来の自動倉庫との最大の違いは、「保管効率」です。「ニトリ」の活用で有名な「オートストア」の例で言えば、同じスペースに4倍の量を保管できると言います。従来の自動倉庫にあったクレーンが通るための通路が不要なのです。

従来型の自動倉庫はクレーンの両脇にパレットやケースを格納する棚が並びます。棚2列に対し、真ん中にはクレーンの通る通路が必要なわけです。

一方、積み木型ロボット倉庫は、保管スペースがぎゅっと凝縮され、クレーンに相当する、商品の取り出し・搬送をするマシンは、保管棚の上部を行き来するだけです（P217 写真6-2）。

IoT時代の倉庫の特徴が「保管効率」の追求にあるというのは、ネット通販の拡大と無縁ではありません。ネット上での販売で勝者になろうとする場合、ロングテール（販売機会の少ない商品群）を取り扱うことで生まれる効果は見すごせません。

売れ筋商品は店舗でも展開できます。しかし、あまり売れない商品は店頭に並べることはできません。もちろん、インターネット上では販売が可能です。ただ、その場合、在庫を持たざるをえません。在庫がないと、販売機会を逸してしまうからです。そこで、ロングテールの商品とはいえ、在庫を持って販売することになるのです。このためネット通販では、販売するアイテム、つまり保管アイテムが膨大になり、必然的に保管効率の追求が必要になります。

また、物流現場においては作業者不足の影響も大きいことは言うまでもありません。物流センターにおいて、もっとも人手を必要とするのがピッキングの部分です。必要な人員が確保できないことを理由として納期が遅くなるようでは、顧客の信頼を損ねます。人手が確保できなくてもサービスを落とさないための自動化・無人化が必要になるということです。

また、倉庫から搬出されたフルパレットがそのまま出荷できれば最も効率的ですが、そうでないことのほうが多いのが実態です。

パレット上の一部を出荷する場合、保管パレットから出荷パレットへ、または保管パレットからかご車などへケースを積み替えることになります。

積み替え先のパレットやかご車には、サイズや重量の異なるケースを混載することになり、簡単な作業ではありません。荷崩れのリスクを減らし、積載効率を向上させるため、画像認識や最適積付シミュレーションなどの機能を持つ積み替えロボットにより、この積み替え作業を自動化することができます。

AIで自ら考えて動くMUJINロボット

パレタイズやピッキングなど、物流センターで人が多くかかっている反復作業はいくつかあります。工場ではロボット化されていることも多い作業ですが、物流センターではロボット化はむずかしいと考えられてきました。工場と違って荷姿が多く、従来のロボットでは荷姿ごとに作業方法を教え込む必要があり、教え込む作業の手間がかかりすぎて、結局、人が作業するほうが早いという状況だったためです。

このような作業について、ロボット化できる可能性が出てきました。MUJINの開発したロボットは、高精度の「目」と「頭脳」を持ち、荷姿やトラックやパレットの状況を常に観察しながら作業するため、教え込む手間がいらなくなったのです。

MUJINが開発しているロボットにより自動化できる可能性がある作業は次のとおりです。

①トラックからの荷卸し

トラックからの荷卸しは、非常に身体的負荷の大きな業務です。積載率を高めるため、あえてパレットを使わず、トラックの荷室に貨物を満載することを希望する荷主もいまだ多い状況です。大型トラックに荷物が満載されている場合、ドライバーや作業者が一人で行うと3〜4時間かかることもあります。

ドライバーの労働時間の長さが問題になっているため、荷役時間が短くてすむように、国やトラック協会はパレット化を推進しようとしていますが、商品の単価が安いといった場合、バラ積みはなかなか排除できないかもしれません。このような状況下で、荷卸しを自動化できるロボットの開発は頼もしいところです。マテハンジャーナル（２０１９年１月号）によれば、２０１９年内を目途に正式にリリースされる予定とのことです。

②デパレタイズ

パレットに積載されたケースをロボットがパレットから下ろしていく業務です。デパレタイザ自体は従来からありますが、ＭＵＪＮのものは、混載されている貨物でもＯＫ、マスター登録不要という特長があります。このため、ほぼ決まったものが流れてくるメーカーの工場倉庫などでなく、何が届くかわからない、極めて多品種のものを扱わねばならない物流業者のセンターでも活用可能と言えます。

③多品種ピースピッキング

ピッキング作業は、多くの作業者が投入されている業務です。ネット通販の隆盛により、ピースピッキング作業は、ますます増えていくものと思われます。一方、ピース単位の作業は、荷姿がケース単位の比ではありません。マスター登録をしないと使えないとなれば、とんでもない数のマスター登録が必要になり、実務への導入は非現実的となります。

ＭＵＪＩＮのシステムは、マスター登録や、作業を教え込む作業が不要という特長により、現場でのピースピッキングを自動化する道を開きました。円筒形、袋形などでもスムーズな作業が可能となっています。

④ピース品のソーター投入

ネット通販事業者など、取扱アイテムが多い場合、作業効率アップのため、まずトータルピッキングを行い、次に届け先別仕分けを行うという作業フローをとる場合があります。この場合、ソーターにピース単位で品物を投入する作業が必要になります。コンテナに入っているさまざまな商品をソーターに載せるだけという、単純な作業ではありますが、ピース品であるため荷姿が予測できない作業であり、これまで大量の人手に頼ってきました。

この作業もマスター登録不要、ティーチレスという技術により、自動化が実現しました。

⑤多品種パレタイズ
コンベア上を流れてきたケースを、パレットやかご車、６輪カートに積み付けるものです。ＭＵＪＩＮのシステムは、荷姿が混在していても積付が可能で、かご車や６輪カートにも積み付けることができます。かご車や６輪カートに積み付けることができるロボットは、現時点ではまだ珍しいと言えます。

ジャストサイズの梱包を自動でできるロボットも登場

梱包も人手に頼った作業となっていました。ところが人手に頼っているわりに、隙間がないようにうまく詰めるとか、適切に緩衝材を入れるとか、また、荷物の量に応じて適切なサイズの段ボールを選ぶなどについて、うまく教育はできておらず、作業者の個々の能力によって、大きな差が生まれている業務でもありました。

できあがった段ボールのサイズにより運賃が決まりますから、梱包を適切に行えるかどうかは物流事業者の収入、利益率を直接、左右する大きな問題なのです。

そこで梱包を自動で行う梱包システムが登場しています。「Ｉ－Ｐａｃｋ（アイパック）」です。１ラインあたりの梱包能力は１時間に７２０個と言います。梱包を人手で行う場合、ベテランでも１～３分ほどかかるのです。とんでもない時間差と言えます。

また、Ｉ－Ｐａｃｋは、中身の商品の大きさを計測し、適度な高さまで段ボールを自動で折りたたみます。緩衝材が不要になるうえ、空気を運んでいるのにその分まで運賃を払うということがなくなります。Ｉ－Ｐａｃｋは、いわゆる普通の段ボールに入る商品を扱っている場合に有効です。

一方、普通の段ボールに入らない大きさの貨物を扱っている場合にも、商品の品質を守るために梱包は必要です。このような梱包を必要とする場合、まず商品サイズを測り、必要と思われるボール紙の大きさを算定し、カットし、梱包するのに必要な切込みなどを入れ、梱包し、緩衝材を入れ、テープ止めなどを行うという、ベテランでないとむずかしい非効率な作業となっていました。

この作業は、ＢＯＤ（ボックス・オンデマンド・システム）というシステムにより自動化が実現されました。自動的にサイズを計測し、商品に合ったサイズの箱を作ってくれるのです。人による差もなくなりますし、ムダのない大きさの梱包となることで輸送コストも最小限になります。作業効率は10倍に向上するということです。

RaaS──ロボットは「所有しないで利用する」使い方も登場

RaaSは「ラース」と読んで、Robot as a Serviceの頭文字をとった略称です。以前、SaaSという言葉があったのを覚えておられるかもしれませんが、SaaSはインターネット経由でシステムを利用し、利用量に応じた金額を支払うというものでした。

RaaSも考え方は同じです。しかし、対象はロボットです。ロボットを制御するシステムをクラウド経由で貸し出すというサービスです。

この方法をとれば、初期投資が極めて少ない状態でもロボットを活用できるという利点があります。また、ロボットの進化は非常に速いですから、導入直後から陳腐化していく可能性もあるわけですが、クラウド型の利用をしている場合、制御システムは最新のものにアップデートされていきますから、時代遅れになるおそれを軽減できます。

ロボットの導入効果がわからないというときに、ＲａａＳを使って実験してみるという使い方もあるでしょう。

パトラーなどを扱うＧＲＯＵＮＤ社では、物流施設や情報システム、ロボットなどの物流機器までシェアリングできる環境を整えようとしています。

④ 完全無人物流センターを目指す取り組み

省人化・自動化の究極の姿「完全無人物流センター」

省人化・自動化を目指した究極の物流センターの姿は無人のまま入荷し、保管され、無人のまま出荷されていく倉庫です。当然のことですが、24時間３６５日稼働が目指されます。物流センターが24時間というと驚くかもしれませんが、工場が24時間稼働しているのと同じです。工場では設備が24時間稼働し、人は３交代などとなっています。物流センターも同様に設備を24時間稼働させ、ムダなく資産を有効活用しようということです。

実は、中国では、２０１７年10月、アリババに次ぐ中国第２位の売上を誇る通販事業者京東商城（JD.com）が、完全無人の物流センターを稼働させています。

どのように無人かと言うと、トラックで物流センターに商品が入荷されてから、保管され、ピッキングされ、梱包されてトラックに載せられるまで、人がさわることはないそうです。

実際、物流センターの自動化については、海外のほうが日本よりもずっと進んでいると言えます。自動化のスピードの早いその背景として、人間による作業はミスが多い、破損が出る、盗難もあるといった事情は確かにあると言えるでしょう。日本では現場の作業者は非常に優秀で、さまざまなイレギュラーにもすすんで対応してきましたし、作業効率を上げるための工夫にも自ら取り組んできました。

作業者の動きは流れるように美しく、訓練されているところも多いです。その状況でロボットの動きをみれば、ぎこちない、遅いといった感覚があったかもしれません。しかし、今後、作業者となりうる人自体が減っていきます。省人化、自動化への取り組みは待ったなしと言うことができます。

物流センターの無人化にチャレンジ

完全無人の物流センターを作るには、最初からその設計で作り上げる必要があります。しかし、多くの会社ではすでに物流センターを持っており、これを工夫しながら使っていくのではないかと思われます。

そのような場合、この章で紹介してきたロボットなどは、すべて導入しないと意味がないということではなく、自社で必要とするものだけを選んで利用することが可能です。そこで、この章で紹介してきた情報システムやロボットなどを用いて、無人化を目指した物流センターをイメージしてみたいと思います。

物流センターを１カ所、トラックを数台、頭の中に置いてみてください。登場するモノはすべてインターネットにつながっているのが前提になります。トラックはすべて動態管理システムが搭載され、いまどこにいるか、どこまで仕事が完了しているか、荷室の空き状況はどうかなどが常に把握できるようになっています。

物流センターを所有する会社が発注を行い、この物流センターへの納品が決まりました。トラックは貨物を積んで発荷主のセンターを出発し、納品のために物流センターに近づきつつあります。このあと、このトラックや貨物はどのようにＡＩ、ＩｏＴ、ロボットにより物流されていくでしょうか（現状では、実現できていない技術についても期待をこめて書き込んでいます）。

①納品──予約システム

ドライバーは、スムーズに納品を行うため、この物流センターの予約システムにアクセスして予約を行います。現状はドライバーが携帯電話やスマホにより行っています。トラックは予約が成立した時刻に物流センターに到着し、スムーズにトラックバースに誘導されます。

もし、このトラックが予想外の渋滞に巻き込まれて予約した時間帯に荷卸しができないことが判明したら、予約システムは調整を行い、1台後の車両の荷卸しを先に行って、余分な車両の待機が発生しないようにします。予約システムはWMSとも情報共有し、入荷順が異なってもスムーズに作業できるよう準備します。

②入荷――デパレタイザ、パレタイザ、無人フォークリフト

トラックがバースに到着したら、無人フォークリフトがやってきて荷卸しを行い、自動倉庫に格納します。車両から貨物をおろす時点で、ICタグの情報を読み取るか、画像認識技術により、自動的に入荷検品を行います。

バラ積みの貨物であればデパレタイザにより、荷卸しを行います。下ろした貨物はパレット単位で保管されるのか、ケース単位で保管されるのかによって動きが変わります。パレット単位で保管するならば、トラックから荷卸しの時点でパレットに積みます。こ

ちらもパレタイズロボットにより自動化が可能です。ピース単位で保管するならばピースピッキングマシンを使い、格納コンテナへ分けて格納します。オートストアやバトラーなどに格納されます。

③ 搬送――無人フォークリフト、ＡＧＶ、台車

入庫される貨物は、無人フォークリフトやソーター、ＡＧＶなどによって搬送され、ＷＭＳによって指示された場所に格納されます。人による移動が発生する場合にも、ついてくる台車の活用などにより、省人化が可能です。

搬送に関わる業務は、もっともシンプルであり、他と切り分けて作業することも簡単なので、この部分から省人化・自動化に取り組むことは有効だと思われます。

④ 倉庫内管理――ＷＭＳ

物流センターのＷＭＳは入荷品の情報を登録し、在庫データを更新します。このとき人がバーコードを読むようなことは必要ありません。貨物情報はＩＣタグか、画像認識技術により自動的に読み取られ、情報が更新されます。格納されたロケーション番号も

登録されます。ＡＳＮと現物のデータを対照して間違いがないようにデータを更新します。出荷の際、指示を出すのもＷＭＳの役割です。先入先出のルールに基づき、出庫指示を出します。

⑤出庫──自動倉庫、オートストア、バトラー、ピースピッキング

ＷＭＳからの出庫指示にしたがい、出庫します。出庫口ではいまのところ、人手による作業が行われていることが多いですが、パレット単位で出庫されたところから必要なだけのケースを自動で取り出すことも、デパレタイザにより、可能になっています。ピース品のピッキングについても自動化技術は整っています。

⑥梱包──I-pack、BOD

梱包の必要があれば、Ｉ-ｐａｃｋ、ＢＯＤなどを用います。

⑦配車──配車システム、求車求貨（車両単位、スペース単位）

出荷内容が確定したら配車システムを利用して、迅速かつ効率的に配車を行います。ト

ラック不足であるところから物流事業者の集荷時刻が早まる傾向でもあり、迅速に配車できる能力も重要になっています。

少量の出荷など非効率な部分が出れば、マッチングサイトの利用により、トラック荷台の一部のスペースだけを調達する可能性も出てきています。

⑧棚卸――ドローン

棚卸は作業を止めて行いますが、夜中はそもそも作業が止まっているなら、この時間を利用して棚卸を自動で行うことも可能です。ドローンを用いれば高いところに人が上がっていく必要もありません。ICタグ情報を読むのか、カメラによる画像認識で行う方法が考えられています。

「人の活躍を望む」ならムダな仕事を作らない

物流センターで人材を有効活用するためには、ムダな仕事をさせないことが重要です。たとえば、現在でも作業者に作業日報などを記録させている現場が少なくありません。こうし

■図表５－８／減少していく生産年齢人口

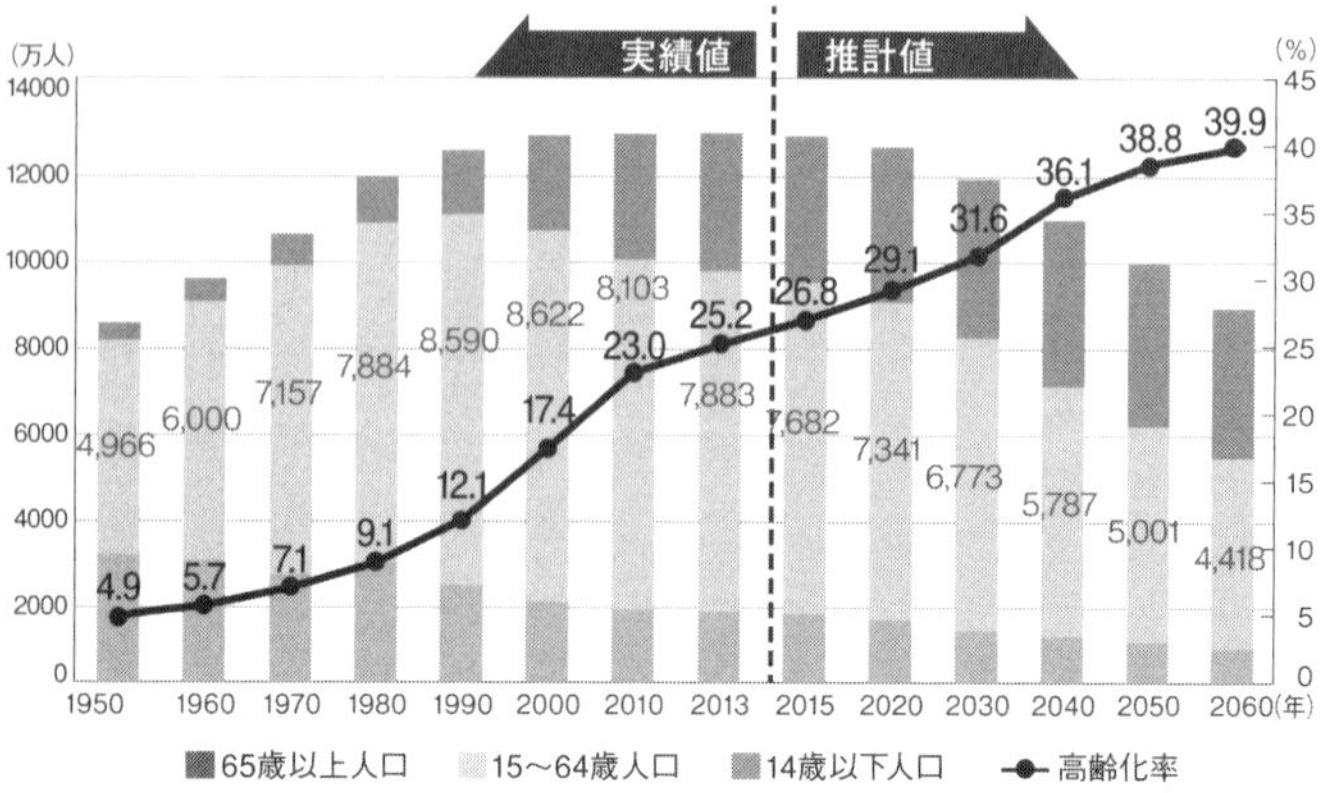

出所／総務省資料より著者作成

たところでは、記録の手間、入力の手間がかかっています。人が書いたり入力したりするので、間違いもあります。

そこで人や台車にセンサーをつけて作業状況がわかるようにし、人からは記録や入力の手間を省き、情報は正確にスピーディに取れるようにするという方法があります。今後、広まることが期待されています。

「ＡＩが人の仕事を奪うのでは?」と言われますが、日本の労働人口は今後、すごいスピードで減少していきます。２０１５年には７６８２万人であった生産年齢人口は、２０４０年には５７８７万人まで減少する見込みです。毎年76万人も減少していくのです（図表５－８）。

どんな影響があるかと言えば、これまで当たり前だと思っていた生活ができなくなるかもしれません。

牛丼店が24時間営業をやめたのも人手不足が原因です。物流事業者でもサービス内容を変更して、日曜配送をやめるとか、長距離は受けないといったことがはじまっています。医療・介護などの現場での労働力不足は命に関わるといってよいでしょう。

ＡＩやコンピュータでできること、機械でできることはどんどんそれらに任せていき、ＡＩではできない業務を人間がやるという役割分担を目指すべきです。

⑤ 現実味を帯びる「自動運転」と「無人運転」

幹線輸送の自動運転で、いったい何が変わるのか

自動運転の実用化が視野に入ってきました。特に期待されるのは高速道路での自動運転です。長距離輸送のドライバー不足は、今後も続くとみられ、幹線の自動運転に大きな期待がかけられています。

自動運転に取り組んでいる企業は非常に多く、トヨタ、日産などの自動車メーカーはもちろん、デンソーなどの部品メーカー、ゼンリンなどの地図提供事業者、パナソニックなどの自動運転システム提供事業者、ヤフー、グーグルなどの情報提供に関わる事業者と、今後、大きな市場になると期待されていることがわかります。

自動運転のメリットは他にもあります。交通事故の削減です。死亡事故の原因の9割以上は運転者に原因があったとみられており、自動運転に変われば、このような事故はなくなると言えます。また、渋滞についても多くは人の運転状況から発生するものであり、解消する

■図表5－9／トラック隊列走行の後続車有人システム実証実験

■実験の様子（2018年11～12月）

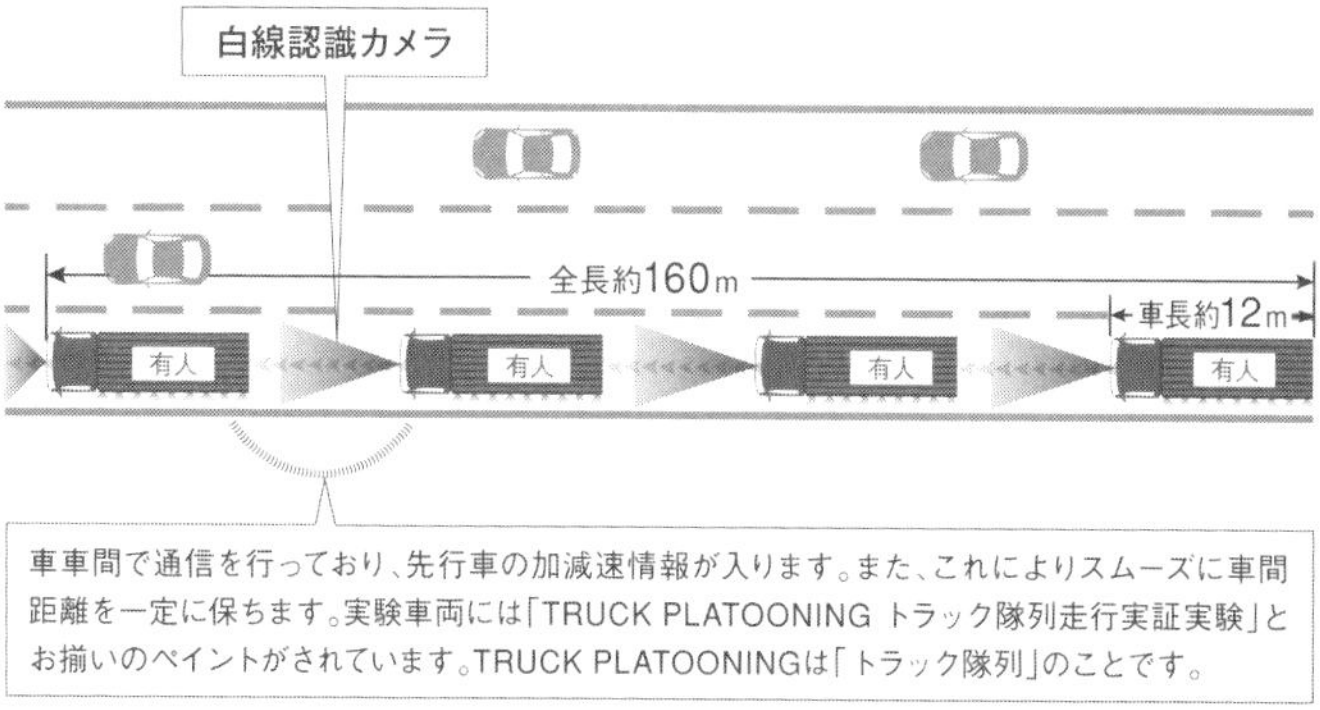
白線認識カメラ
全長約160m
車長約12m
有人
有人
有人
有人
車車間で通信を行っており、先行車の加減速情報が入ります。また、これによりスムーズに車間距離を一定に保ちます。実験車両には「TRUCK PLATOONING トラック隊列走行実証実験」とお揃いのペイントがされています。TRUCK PLATOONINGは「トラック隊列」のことです。

※出所／国土交通省資料より著者作成

方法も明らかにされています。その道路を走行するすべての車両について、自動運転システムにより制御することが可能になれば、渋滞を緩和させることも可能です。

自動運転は技術的にはすでに完成しているそうです。事業環境が整えば導入は可能だということです。ただし、住宅街の中を走るような一般の道路では、人の飛び出しなど予期せぬ事態が起こる可能性が高いため、導入は自動車専用道路や施設内などのクローズな環境が現実的と考えられています。

経済産業省と国土交通省は、２０１８年11月に上信越自動車道で、12月には新東名高速道路で後続車有人のトラック隊列走行の公道実証実験を実施しています（図表５－９）。

行政の自動運転への取り組みは、非常に熱心です。その背景にはドライバー不足があると言えるでしょう。ドライバーの人数そのものも不足している上に、ドライバーの就業環境を改善させるため、長時間労働は避けなければならず、長距離運行はますますさせにくい状況になると思われます。

高速道路において自動運転が実現できれば、長距離輸送はこれに代替させることができます。ドライバーは長距離運転をすることなく、地域内のインターチェンジに車両を取りに行き、近距離の配送のみ行えばよいことになります。

２０２０年に国が目指す「トラック隊列走行」

国としては、２０２０年には新東名においてトラックの隊列走行の実現を目指しています。後続無人についても、２０１９年１月末、新東名高速道路での実証実験が開始されました。これは、２０２２年以降に国が事業化したいとする東京―大阪間の自動運転を見据えたものと言えます。

東京―大阪という二大消費地間の輸送を自動運転に振り向けることができれば、多くのドライバーを長距離運行から解放し、自動運転に適さない近距離配送に振り向けることが可能になります。

実現に向けての課題として、次のことがあげられています。

・事業モデルの明確化 ―― 隊列を組んだ長い車群が走行できる場所、ビジネスとして成立する隊列の運行形態の検討など
・技術開発および実証（技術的な課題の解決）―― 後続無人の隊列走行実現に必要な堅牢な通信制御や高度なブレーキシステムの開発など
・制度および事業環境の検討 ―― 隊列走行の実現に必要な技術に関する制度的取り扱いの関係省庁と連携した検討など

いくつか課題はあるといっても、ドライバー不足を解消するためには、幹線輸送に関わる自動運転への取り組みは必須です。

異なる運送事業者が隊列を組んだ場合、先頭車両の負担と後続車両の負担は大きく異なることになります。ドライバーの有無はもちろんですが、燃費にも差が出ます。なんらかの費

■図表5-10

■2025年完全自動運転を見据えた市場化・サービス実現のシナリオ

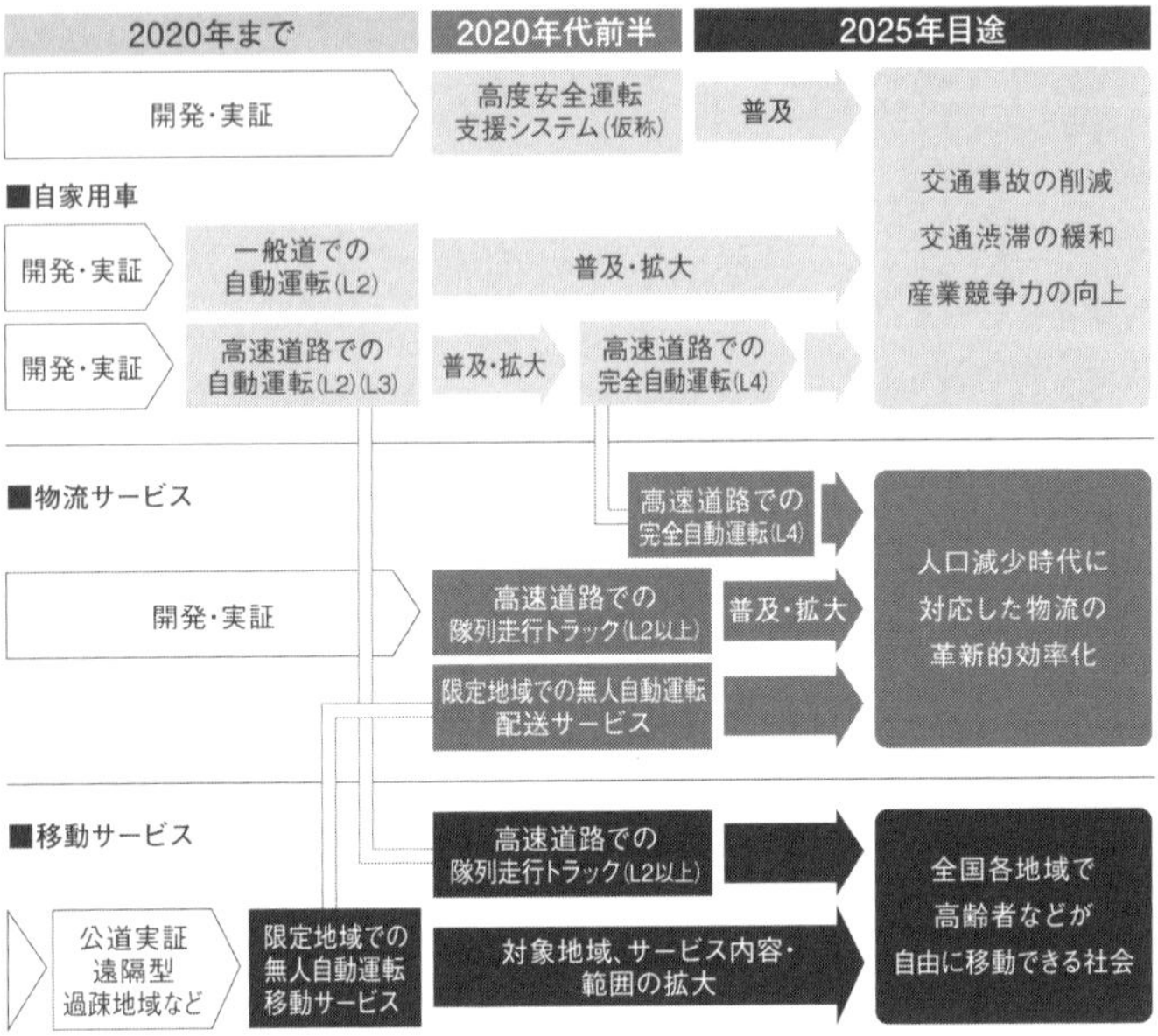

■「自動運転技術のレベル」と「市場化」など期待時期

	レベル	実現が見込まれる技術(例)	市場化など期待時期
自家用	レベル2	準自動パイロット	2020年まで
	レベル3	自動パイロット	2020年目途
	レベル4	高速道路での完全自動運転	2025年目途
物流サービス	レベル2以上	高速道路でのトラックの後続有人隊列走行	2021年まで
		高速道路でのトラックの後続無人隊列走行	2022年以降
	レベル4	高速道路での完全自動運転	2025年以降
移動サービス	レベル4	限定地域での無人自動運転移動サービス	2020年まで
	レベル2以上	高速道路でのバスの自動運転	2022年以降

資料/国土交通省資料より著者作成

用負担を検討する必要があるかもしれません。先頭をつとめる車両に対し、後続車両が手数料のような費用を負担するといったことです。

ドローンを使った配送で離島、過疎地への荷物輸送も円滑に

小型無人機（いわゆるドローンなど）も、離島や過疎地における荷物輸送や倉庫内の作業改善などに利用する可能性について注目されています。

移動販売車と連携して、ドローンで店舗から迅速に商品を配送する案が検討されています。買物難民と呼ばれる人は多く、高齢になると店舗までの運転もままなりません。

ドローン物流をめぐっては国土交通省が3月に、ドローン運行のルールとなる「目視外飛行に関する要件」をまとめました。これによりドローンを使っての物流の可能性に、大きく一歩踏み出したと言えます。

これまでは操縦者の目視外の場所でドローンを飛ばすときには、飛行経路を見渡せる「補助者」をおき、飛行航路への人の立ち入りや、ヘリなど有人機との接近、気象状況などを人の目で監視して安全を確保する必要がありました。

新ルールでは、ドローンの飛行場所を人家の密集地域やイベント会場の上空などは禁止されているものの、操縦者が目視で確認できない場所でもドローンを飛ばせるようになりました。物流ビジネスにも使える環境が整ってきたと言えます。

日本郵便では、2018年11月、福島県で郵便局間の輸送にドローンを利用する実験を開始しました。2キロ以内の荷物をドローンに積み、福島県南相馬市の小高郵便局と双葉郡浪江町の浪江郵便局間の約9キロの区間を約15分で無事輸送したということです。

配送以外でドローンの活用が注目されているのが倉庫内の作業改善への適用です。倉庫の中などの室内はドローンを飛ばすのに許可は必要ありません。たとえば、日本通運では倉庫内の在庫管理、棚卸にドローンを利用しています。

ヨーロッパでは倉庫は平屋建てが多く、天井高が10メートル程度と高いため、棚卸は人による高所作業となり、非効率な作業となっています。棚卸に利用するドローンは大きさ15センチ四方で重さ220グラムと小型です。広さ3万平方メートルの倉庫に7台導入し、操業が止まる夜間の3～4時間のうちに棚の各段を垂直・水平に自動で飛行し、在庫を確認するということです。

高い位置までパレットが積み上げられて保管されているような現場では、棚卸は大変な手間もかかり、危険な作業でもあります。

これをドローンに変えれば、ボタン一つで棚卸を完了させられます。高いところも飛んで行き、簡単に「見る」ことができます。夜間に作業者を働かせるとしたら、人員の確保はむずかしく、高い金額を払わなければなりません。危険な作業でもあり、フォークリフトで自分が上下するか、荷物を上下させるかしなければならず、非効率な作業となります。

情報収集の方法は商品ごと、またはパレットごとにICタグを設置しておき、その情報を読むか、カメラを搭載しておき、画像処理で棚卸を行うのか、いずれかの方法で行うということになります。日本通運では機載カメラで読み取ったバーコード情報を利用して、倉庫管理システムに登録された荷物情報と照合するそうです。

第6章

無人化を目指す「次世代型物流センター」

1 最新機器で無人化に挑む「ニトリ」の物流センター

「動線がない」物流センターを目指せ

この章では、今後志向されると思われる物流センターを紹介します。その特徴は、「省人化」、さらに言えば、「無人化」という点です。出荷の拠点となる物流センターの今後の最大の課題が「人手不足」だからです。

これまで物流センターは、保管効率がよい、動線に交錯・ムダがない、入荷から格納までがスムーズ、出荷指示が出てから出荷されるまでの時間が短いなどのポイントにより評価されてきました。

ところが最近、この評価ポイントの一つが大きく変わっています。それは動線です。これまでの「動線にムダがない」から「そもそも動線がない」に変わってきているのです。

その典型的な事例が、アマゾンの物流センターに導入されている「アマゾン・ロボティクス」です。これまでは出荷作業のために、人が棚の間を歩き、出荷すべき品物を集めていましたが、人が歩かなくてすむように、棚が人のほうへ移動して来るようにしたのです。これについては、すでに第5章で説明しました。

当初、アマゾンの物流センターにおけるこのような機械化のニュースは、どちらかと言えば贅沢品、お金があるからこその仕組みと受け止められることが多かったと思います。ところが最近になって、機械化への関心は非常に高まって来ています。

原因は人手不足にあります。作業者が足りなくて出荷ができない事態になっては、一大事です。今後、見込まれる人手不足は、作業の効率化などでは追いつきません。可能な限り、人手作業を排除するという考え方が出てきたのです。つまり、今後の物流現場の自動化、機械化は、物流センターの必然的な方向性と言えます。決して贅沢品ではないのです。

そこでこの章では、最近になって登場し、今後の物流において主役を担って行くと思われる物流機器を活用している現場を訪問し、その特徴などをまとめてみたいと思います。

ロボット倉庫「オートストア」導入で、出荷効率が5倍に

まず、ニトリの物流子会社「ホームロジスティクス」の物流センターを取り上げてみたい

と思います。日本で最初に「オートストア」を導入した企業です。次世代型物流センターの先駆けと言っていいでしょう。

ニトリは、家具・インテリアの製造販売チェーンです。ソファやベッドなど、大型の家具を取り扱う一方、鍋や洗面器などの小さな商品も多数取り扱っています。かつて主流だった郊外型店舗に加え、最近では、駅近や百貨店内などに店を構える都市型店舗も増えてきています。

当然ながら立地により客層や売れる商品カテゴリは異なり、幅広い店舗展開は取り扱いアイテムの増加にもつながっています。また、通信販売も行っていて、２０１８年2月期における売上高は、前期比35・０％増の３０５億円となりました。

つまり、ニトリでは、膨大な数の商品を迅速に処理する物流が求められているということです。その物流を専門に担当させる組織として、ニトリは、２０１０年3月、グループの物流を担当する「ホームロジスティクス」を設立しています。

いま物流関係者の間で話題になっている最新の省力化機器を備えた物流センターは、ホームロジスティクスによって展開されています。

ニトリが日本で初導入したことで有名になった省力化機器に「オートストア」があります。

■写真６-１／ポートの作業風景

オートストアへの入庫・出庫作業を行う場所。腰の高さで作業ができるため、かがんで荷物を取ったり、床まで取り下すような作業が必要なく、身体への負担が少ない。

テレビのニュースなどでも取り上げられ、話題になりました。

オートストアは「ロボット倉庫」とも呼ばれます。第5章でも紹介しましたが、従来の棚保管と比べると、通路がない分、保管効率は4倍にもなります。また、設置に必要なスペースもおよそ3分の1ですみます。出荷作業のスピードは従来型自動倉庫の2分の1～3分の1を達成しています。

ピッキング作業者は、棚の間を歩き回る必要がありません。ポートステーションと名づけられた商品の入出庫作業場に、ピッキングすべき商品が入ったコンテナが運ばれてきますので、品番を確認してスキャンし、間違いがなければ、商品を出荷用コンテナに移して、出庫作業終了のボタンを押します。オートストアから出てきたコンテナは保管スペースへと戻っていきます。

これまでピッキング作業者は、1日に2～3万歩も歩いていたそうです。これがほとんど歩かなくていいことになったわけですから、それだけでも大きく効率化したとみることができます。

オートストアから出荷する商品のピッキングが終了したら、作業者は出荷用コンテナを出荷コンベアに乗せます。ここまで作業者はほぼ歩かないで作業が可能です。

ここで、オートストアの構造を説明しておきましょう。

グリッドと呼ばれる格子が組まれ、この中にコンテナが一つずつ格納されます。コンテナの格納・出庫を行うのは、グリッドの上部を走るロボットです。このロボットは出庫指示を受けたら、該当するグリッドの上部まで走って行き、真下に向かって「手」を伸ばします。出庫すべきものがすぐ下にあればそのコンテナを自分の箱の中に抱え込み、ポートステーションへ運びます。ポートステーションでは、人が入荷や出荷の作業を行って、コンテナが戻されます。

出庫すべきコンテナが、いくつかのコンテナの下にあるということもあります。その場合、ロボットは一つずつコンテナを取り出して、グリッド上部に仮置きし、必要なコンテナを取

■写真6-2/オートストア

オートストアの上部の写真。ロボットは格子状のグリッドの上を縦横に走り、指示されたロケーションからコンテナを引き上げ、ポートに搬送する。

■図表6-1/東日本通販配送センターでのオートストアの概要

コンテナサイズ	60×40×31(cm)
格納可能重量(1コンテナにつき)	30kg
保管コンテナ数	29,381bin
ピッキングロボット台数	60台
作業間口	15ポート ※入庫、出庫の同時作業も可能
保管アイテム数	12,000SKU
保管商品数	10万点以上

※出所/ホームロジスティクス

り出します。

仮置きされたコンテナは、ロボットの走行の邪魔になるので、他のロボットがやってきて、別のグリッドに格納することもあります。

出荷場所から戻ってきたコンテナは、またロボットに抱え込まれ、空いているグリッドに戻されます。戻すときは、ロボットは一番上のグリッドに格納するので、出荷のあった商品が上部に格納されている確率が高いことになります。同じ商品への出庫指示がかかる可能性が高いとすれば、この動きは出庫作業の効率化につながります。

ホームロジスティクスでの運営の工夫

ホームロジスティクスの物流センターでは、保管アイテム数をなるべく多くするため、同じ保管コンテナに複数のアイテムを保管するようにしています。こうするとポートのモニターに、品番や商品名が表示されるとはいえ、似たようなものは間違いやすいので、あえてまったく似ていない商品を同一コンテナに格納するようにしているそうです。

もちろん、バーコードスキャンを行うので、間違った商品のバーコードをスキャンすれば、

■写真6-3／オートストアに格納されているコンテナ内部

格納アイテムを増やすため、コンテナには複数の商品が格納されている。ピッキングミスが起こらないように、なるべく似ていないものが混載されているコンテナ。

その場で間違いが判明するのですが、非常に似た商品が同じコンテナに格納されている場合、正しい商品のバーコードをスキャンしながら、別の商品を取り出してしまうおそれがあるので、これを避けるためということです。

オートストアは、作業者に対し、とてもやさしい物流機器だと言えます。作業者は、このシステムのことをまったく知らなくても、すぐに使うことができるためです。商品を探すというステップがありませんから、移動に関わる慣れや動線の選び方による効率の差などは出ません。

ポート部分は、作業しやすい高さに設計されていますので、長時間作業でも、過度の負担を感じさせることがありません。

また、ホームロジスティクスでは段ボール圧縮機を導入しているため、作業中に出た段ボール資材は頭上のコンベアに載せるだけでよく、ゴミ捨てのために作業を中断するようなことはありません。

「オートストア」は柔軟性が高い

グリッドを組み合せた構造なので、すこし変わった形でも構築が可能というメリットもあります。たとえば、左の図のような形のものも可能です。

増設も容易です。出荷能力を上げたければ、グリッドを増設するか、ロボットを追加することができます。ロボットが故障したとしても、1台ずつメンテナンスを行うことができ、出荷作業を止める必要はありません。

このようにオートストアはいいことずくめのようですが、そこには制約も当然あります。うまく使いこなすために、ネックになりそうな点を踏まえる必要があるのです。

大きな制約としては、重量とサイズです。オートストアの保管コンテナ自体を人が持ち上げることは、通常の業務の中ではないので、この重さはとくに意識されませんが、1コンテナに格納可能な重量は30キロに制限されています。このため重量品がメインという場合は、

■図表6-2／柔軟性が高いオートストアの構造

■オートストアを上から見た図

柱を巻いたレイアウト

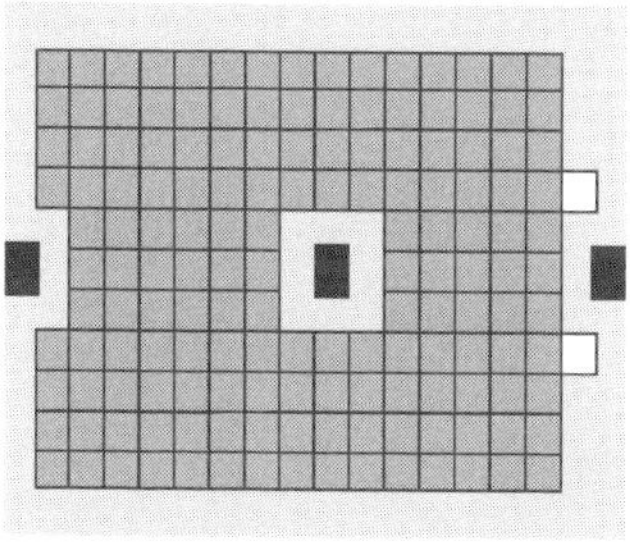

オートストアを構築しようという場所に柱があっても、その周りにグリッドを建てることにより、問題なく構築が可能。

多角形

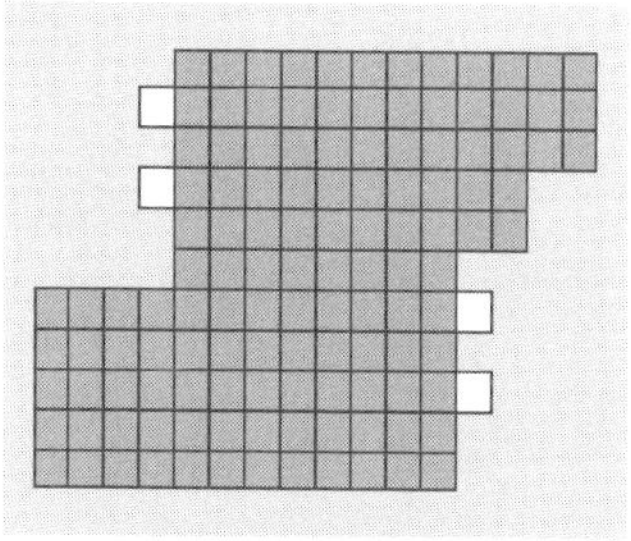

これまでの自動倉庫であれば、柱を避けてその手前までなど、建設可能かどうか条件は厳しい。オートストアは多角形でも建てられる。

これまでの自動倉庫であれば、
きれいな四角形でなければ建てられない。

オートストアはさまざまな条件のあるスペースにも構築可能である

■オートストアを横から見た図（人がいるところはポートステーション）

トンネル状

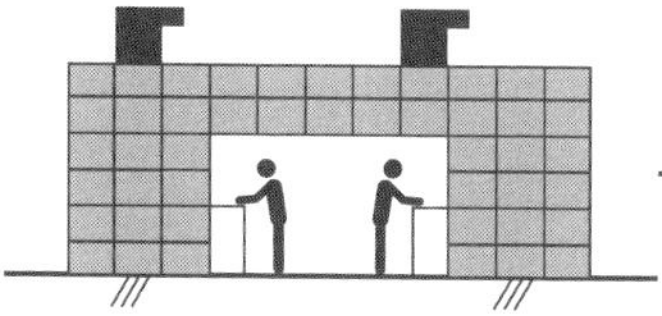

トンネル状のレイアウトは、グリッドの下部が抜けている構造。人がいる作業スペースの上部もムダにしない。

床の段差

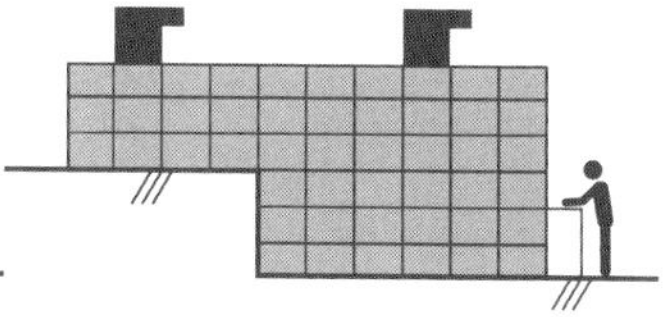

床に段差があってもオーストアは問題なく構築可能。

※出所／オカムラ資料より著者作成

格納可能なアイテムは限られることになるでしょう。

格納コンテナのサイズは60センチ×40センチ×31センチで、もちろん、このコンテナに入らないサイズの商品は入れられません。調整可能なのは、コンテナの深さのみです。

また、割れものは格納不可であり、ニトリで扱っている製品のすべてが格納可能というわけでもありません。

先入れ先出しが必要な場合、同じ商品が複数のコンテナにまたがって保管されていたら、出荷がうまくいきません。品番に加え、入荷日や製造ロットナンバーなどの情報を入れる必要が生じますし、出荷作業にも時間がかかる可能性が出てきます。同社では、何回かに分けて入荷されたものであっても、同じ品番の商品であれば、同じものとして扱われます。

同社では、出庫指示は細かな順番は定めず、6つ程度のカテゴリにまとめて出庫指示を出しています。細かな順番を定めると、ロボットの動きが悪くなります。手近に出荷商品が格納されているコンテナがあるとしても、出荷順からすれば、その商品は後に出庫すべきとなれば、遠くまで移動して別のコンテナを出庫してから、また戻ってきて作業するということになってしまうからです。

ホームロジスティクスが日本初の導入を即決できた理由

ホームロジスティクスがオートストアを導入したのは、実は、日本初というタイミングでした。同社がオートストアに出会ったのは、2014年に東京ビッグサイトで開催された物流展でした。当時の技術開発に携わるメンバーが物流展に参加しており、オカムラ社が出展していたオートストアを発見しました。その後、2015年にヨーロッパで開催されている物流展示会に参加するのをきっかけに、オスロにあるオートストアユーザー企業へ見学に行き、その実用性を目の当たりにしたのです。

世界での導入実績はすでに何件かあったとはいえ、国内の導入は初となると、なかなか踏み切れない会社も多いのではと思われます。ところが、同社は帰国直後から導入に向けて本格的に検討をはじめ、わずか1年で稼動開始にまで至っています。

なぜ、同社はスピーディな決断ができたのでしょうか。それは、「物流自前主義」がもたらした成果だと言えます。

同社はニトリの時代から、物流をずっと自社で行ってきました。自社開発・製造の商品については、海外で生産することが多く、これを日本に移動して販売します。物流費のことを無視した製品を開発すれば、ムダな費用がかかります。常に物流を考えて行動するというのが、同社のＤＮＡになっています。

もし、物流を物流業者に委託していれば、コスト削減の余地は単価だけになってしまい、みずから物流費を安くするための対策を考えるような動きにはつながらなかったかもしれません。しかし、ニトリでは、ずっと「顧客に届けるまでを自社で行う」ことを目指し、行動してきました。

物流自前主義により、自社に物流のノウハウを蓄積させてきたことが、物流担当者を育て、ホームロジスティクスの先進性を養ってきたと言えるでしょう。

なお、導入決定の時点から稼働までの間にもネット通販での販売量は伸び続けており、現在、オートストアが稼働していなければ、捌ききれたかどうかわからないとのことです。現時点で、東日本通販配送センター（川崎市）で在庫している商品の60％ほどがオートストアで処理できており、省力化という目的を想定どおりに果たしていると言えそうです。

ホームロジスティクスの五十嵐明生社長にお話しを聞いたところ、同社とニトリの商品開発部門とは、頻繁に打合せをしており、物流コストを下げるための取り組みを常に行っているということです。

最近では「商品の3辺サイズ合計を160センチ以下に抑える梱包改善」など、グループ一丸となって物流を意識した改善をはかったそうです。宅配便はサイズで値段が変わりますから、直接コストに反映される効果的な取り組みと言えます。

最近の人手不足、物流コスト高騰に対して、五十嵐社長は、「物流自前主義をさらに高めたい。現在、ニトリの貿易改革室で通関業務を自社で行える体制を整えている。これにより、コンテナ1本につき、5000円〜6000円程度のコストダウンになる」と指摘しており、今後も自前の物流力を高める意欲を見せています。

ホームロジスティクスでは、大都市以外の地方において、物流の外販も行っています。「ライバル企業の商品を運ぶこととなり、以前では考えられなかったことかもしれませんが、メリットは自社にもある」と、五十嵐社長は言います。

自社の荷物だけならば、2日に1回しか納品に行けないかもしれませんが、他社の荷物も一緒に運ぶことにより、車両の積載量が増え、毎日でも納品に回れるようになるからです。

食品業界ではF－LINEのような業界共通の物流プラットフォームができていますが、家具業界においては、ホームロジスティクスが、プラットフォームの役割を担っていくのかもしれません。

■写真6-4／スワップボディー車

荷台を切り離せる車両。荷台部分のみトラックバースにつけておけば荷積みが行える。荷積みが完了してからトラックを呼べば待機時間がなくなる。　※出所／ホームロジスティクス

今後の物流への取り組みとして、「在庫の持ち方の改善を考えている。今後は『ためこむ物流』は避けるべきで、もっと在庫量を抑えたい」（五十嵐社長）とのことです。これに取り組むには、欠品に関する担当者の心理的なハードルが一番ネックになるということですが、それもクリアしつつあるようです。

また、同社ではスワップボディー車の活用も進めています。スワップボディー車は、荷台を切り離しておけるもので、積込、積み下ろしの際にトラックを待機させておく必要がありません。出荷品は荷台に載せてしまえばよいので、トラックバースに仮置きする必要もなく、トラックバースを有効活用することにもなります。

待機時間が最小限になるので、トラックの有効

活用にもつながります。スワップボディーの活用は、今後、有効な人手不足対策になると思われます。牽引免許も不要で国も導入を補助するため、助成金を出しています。いち早くこれに取り組んだホームロジスティクスの先進性がここでも窺われます。

走ってくる棚「バトラー」も活用

ホームロジスティクスでは、バトラーも活用しています。これは保管棚が作業者のほうへ自動で移動してきて、ピッキングが終了したら自動で戻っていくものです。オートストア同様、作業者は「歩く、移動する、探す」手間が不要になります。

バトラーは、97センチ×67センチ×38センチの大型のお掃除ロボットのようなもので、最大積載荷重は500キロ程度です。保管用の棚は、バトラー専用の棚を導入する必要があります。このほか人が作業する場所として、ピッキング作業ステーション、バトラーをコントロールする情報システムなどが必要になります。

なぜバトラーを導入しているかというと、オートストアだけでは格納しきれないものがあるからです。先に見たオートストアには入らないサイズのものや割れものなどです。バトラー

■写真6-5／バトラーと専用棚

写真下部が搬送機、バトラー。棚はバトラー専用の保管棚。バトラーは専用棚の下に入り込み、持ち上げて作業ステーションまで搬送する。 ※出所／ホームロジスティクス

は100センチ×100センチ×200センチまでの大型商品に対応できます。

走って来る棚のピッキングシステムはいくつかありますが、そのうちバトラーを選択したのは、制御システムが今後、更新されていった場合、この更新が反映され続ける仕組みになっているからということです。

さて、これまでホームロジスティクスが運営するニトリの物流センターについて見てきましたが、五十嵐社長によれば、より自働化を進めた物流センターを幸手に計画中だそうです。ニトリの物流は、これからも目が離せません。

2 顧客の利便性を徹底追求する専門商社「トラスコ中山『プラネット埼玉』物流センター」

2023年には在庫52万アイテムの即納を実現する

トラスコ中山は、工場や建設現場に向けて機械工具、作業用品、消耗品などの「プロツール」を幅広く提供する、年商2142億円（2018年12月期）の専門商社です。「物流を制するものが商流を制する」として物流に力を入れてきた会社としても有名です。同社の山本雅史首都圏物流担当部長は、「物流の機能強化は、当社社長である中山の明確な方針です」と言い切ります。トップの強い意志に同社の物流の強さを見ることができます。

このような方針のもと同社では、全国17カ所に物流センターを配備し、30万アイテムを超える在庫品を品揃えし、注文があればスパナ1本でも即日、ないしは翌日に届けるという体制を作りあげてきました。

トラスコ中山は「在庫」についても、明確でユニークな方針を持っています。「効率よりも顧客の利便性を追求する」というものです。「売れるものだけを持つのではなく、トラスコでないと持てないものこそ持つ」という考えのもと「在庫回転率よりも在庫ヒット率（注文のうちどれだけ在庫から出庫できたか）を高めること」を重視しています。出荷が1年に1回しかない商品でも、保管効率の悪い大型品でも、顧客が求めるならばあえて在庫を持つのです。

このような考えにより、在庫アイテム数は年々、意図的に増やしてきました。２０１４年には27万アイテムだったものが２０１８年には37万アイテムへ、今後、２０２３年には52万アイテムまで増やす計画です。モノづくり現場の電子化、ＩＴ化が進む中で、多様なニーズに対応するためには在庫アイテムを増やすことは不可欠であり、これによって、売上を現在の２１４２億円から３０００億円に伸ばす計画を打ち出しています。

この計画に物流センターが対応するには、保管能力をアイテム数ベースで従来の１・５倍にしなければなりません。入出荷についても、求められる能力は「プラネット埼玉」物流センターで「１日に5万件の出庫、1万件の入庫ができる」というものです。トラスコ中山では２０１４年から18年までの5年間で約５００億円の設備投資を行い、今後も積極的な投資を継続する計画を持っています。

徹底した自動化を柱とした新しい物流を作る

トラスコ中山においても、「労働力不足」が大きな制約条件になってくることは言うまでもありません。広大な物流センターを建て、52万アイテムを保管することはできても、人が集まらなければ出荷はできないからです。

従来のトラスコ中山の物流センターはオーソドックスな仕様のもので、定置式の棚の決まったロケーションに商品を置き、作業者は台車を使ってピッキングを行っています。アイテム数が容赦なく増える中で、これまでは何よりも保管効率を最優先させる必要がありました。

たとえば、「棚は高さ240センチの最上段までピッキングエリアにして商品を置く」「商品は商品分野別ではなくサイズ別に区分して、ジャストサイズの棚段に入れる」などの工夫をして保管能力を高め、作業効率が落ちる部分は知恵と人海戦術でカバーするというところがあったのです。

しかし、今後は「人海戦術」は持続不能であり、52万アイテムの物流はこれまでの延長線上では考えられないという判断を経営トップが下しました。代わって、「徹底した自動化」を柱として、新しい物流を作っていこうという方針が明確に打ち出されたのです。

新しい物流の基本理念は、「機械ができる作業は徹底して機械にやらせて、人には人にしかできないことをやってもらおう」（山本部長）ということです。人は作業に汗をかくのではなく、機械を使いこなすこと、機械の能力を最大限発揮させることに汗をかくことを期待されています。

「自動化」はこの理念の柱となるものです。それでは自動化を最も高度に実現させた新センターである「プラネット埼玉」の内容をみていきましょう。

最新鋭のロボット・自動倉庫が結集する物流センター

埼玉県幸手市に２０１８年10月に稼働したプラネット埼玉は、総投資額２００億円（土地、建物、設備、備品、システム）延べ床面積が１万２９０４坪あり、ガラスの吹き抜けと環境に配慮し植栽を整備した明るいエントランスを持つ、美しい物流センターです。ここでは自動化に焦点を絞ってみていくのですが、センターには他にも、こだわりのポイントがいくつかあります。

■写真6－6／トラスコ中山「プラネット埼玉」の美しいエントランス

まるで美術館のような、明るいエントランス。吹き抜けには植栽が整備され、ガラス越しに各フロアの物流機器が動く様子や、作業光景をみることができる。

・基礎免震構造を採用した建物（今後、新築する物流センターでは標準仕様に）
・1台ごとに人感センサーのついた照明。人が近づいたときだけ点灯
・太陽光パネルを敷き詰めた屋根。750キロワットの発電能力を持つ
・食堂には正社員の調理師・栄養士、託児所には正社員の保育士が常駐

これらは一般の物流センターでは、まず見られないものです。「何が起こっても物流を止めない」「社会に貢献し、縁ある人々の幸せを実現する」という同社の企業理念が強くあらわれています。

52万アイテムの保管を担うプラネット埼玉の物流設備は、図表6－3に見るように6種類に区分

ロボット倉庫
（ロボットが集品、人の動線ゼロ）

⑤バトラー

商品の入った棚を、ロボットが作業者のところへ運んでくる

⑥オートストア

ビンを積み重ねたグリッドの上をロボットが縦横に走り、ビンを取り出してポートに持ってくる

フロア配置図

4階	②PL棚 ④PL自動倉庫 ⑥オートストア
3階	①平棚
2階	①平棚 ⑤バトラー
1階	③バケット自動（仕分け場）

※出所／トラスコ中山資料より著者作成

■図表6－3／トラスコ中山「プラネット埼玉」の物流機器一覧

	普通の棚（人手で出し入れ）	従来の自動倉庫（棚から機械が出し入れ）
商品を棚に直接置く	①平棚  最もスタンダードな棚	—
バケット（コンテナ）に入れる	—	③バケット自動倉庫  バケットに入れられた商品を通路毎の自動クレーンが出し入れする
パレットに載せる	①電動式移動PLラック  人がフォークリフトでPLを出し入れする。作業時だけ通路を開く省スペース仕様。	③PL自動倉庫  パレットを自動リフトが出し入れする。

できます。

最もスタンダードな「①平棚」は従来も使われてきた高さ240センチの定置型の棚で、2階の半分と3階全フロアは平棚エリアです。2階の残り半分には、前項で紹介した、ロボットが棚を作業者のところに運んでくる「⑤バトラー」が導入される予定です。

1階と4階は天井が高く（1階5・5メートル、4階4・6メートル）、高い棚にクレーンを装備した自動倉庫が2種類設置されています。ここでいう「自動」とは、棚からの出し入れが自動化されているということを意味します。1階の③バケット自動倉庫で説明すると、棚に幅67センチ×奥行34センチのバケット（高さは2種類）が格納されており、入出庫のときは各通路のクレーンが指示されたバケットを棚から取り出して、作業者のいるところまで運んできます。商品はこのバケットの中に入れられているわけですが、バケットのサイズが結構大きいので、スペースを有効に利用するためトラスコ中山では中を細かく仕切って、複数のアイテムを入れています。

4階には中大物用の④PL（パレット）自動倉庫と、バケットを高度に集積した新タイプのロボット倉庫である「⑥オートストア」、フォークリフトで入出庫する②電動式移動PLラックが設置されています。このPLラックは、通常は通路幅なしで並んでおり、入出庫のあるときだけ通路を開く省スペース仕様のものです。

明確にルールが決まっている物流設備の使い分け

これだけの種類の最新鋭の物流設備が一同に集められている例は国内でも珍しく、トラスコ中山内では、プラネット埼玉は別名「ロジスティクス・ワンダーランド」と名づけられています。これらの物流設備の使い分けは、どのようにされるのでしょうか。

各タイプの棚や自動倉庫にどんな商品を入れるかということについては、設計段階から綿密な検討が行われ、商品を「出荷頻度」と「サイズ」で区分して、基準が決められています。その基準の概略を図表6－4に整理しました。

自動倉庫・ロボット倉庫に入れるのは「中・高頻度」の商品であり、サイズ的にも、「オートストア」「バトラー」という2つのロボット倉庫に入れるのは中庸の商品です。ロボット倉庫の導入予定は2019年秋ごろなので、サイズ区分の詳細は検討中ですが、最も細かい「小物」を入れるのはバケット自動倉庫です。次いで、オートストア、バトラーの順に大きくなります。商品サイズと出荷頻度から保管先を決定するのです。

■図表６－４／明確に決められている物流設備の使い分け基準

<table>
<tr><td></td><td colspan="5">頻度ランク ※2</td></tr>
<tr><td rowspan="6">サイズ区分 ※1</td><td></td><td>【A】超高頻度</td><td>【B】高頻度</td><td>【CD】中頻度</td><td>【EF】低頻度</td></tr>
<tr><td>小物</td><td>平棚</td><td colspan="2">バケット自動
バケットサイズ
W67×D34×H16(小)・30 (cm)</td><td>平棚
（上段）</td></tr>
<tr><td>中物
（バケット可）</td><td colspan="3">オートストア
バケットサイズ：D65×D45×H33(cm)</td><td>PL棚（移動式）
／平棚</td></tr>
<tr><td>中物
（平棚）</td><td colspan="4">バトラー
専用棚W1×D1×H2.4(m)</td></tr>
<tr><td>大物</td><td rowspan="2">PL棚
（固定式）</td><td colspan="2">平棚／PL自動</td><td>PL棚
（移動式）</td></tr>
<tr><td>特大</td><td colspan="3">PL自動</td></tr>
</table>

サイズ区分 ※1

		サイズ（単位：mm）	
定型品	小物（バケット可）	W152×D143×H128以下（小小）、237以下（小）	バケット・オートストア上限
	中物（バケット可）	W、D小物の2倍まで	
	中物（平棚）	0.025m3以下・最長辺492以下	バトラー上限
	大物	W492×D286×H307以下	PL上限
	特大	W1100×D1100×H1000以下	
定型外		上記以外	

頻度ランク ※2

		出荷件数累積シェア
A	超高頻度	37.9%まで
B	高頻度	78.3%まで
C	中頻度	92.0%まで
D		96.6%まで
E	低頻度	100%まで
F		出荷無し

※1.商品1ユニットのサイズで区分。保管量の多い商品は、ワンランク上のサイズの棚に入れる
※2.区分方法は以下のとおり：各商品の直近6カ月の出荷件数の多い順に並べ、累積のシェアが37.9%までをAランク、78.3%までをBランク、のように分けていく。1件も出荷のなかった商品はFランク(Eランクと同じ扱い)、出荷実績の少ない新商品はZランク（投入時はAランクの扱い）、ランクは1か月ごとにデータを更新して見直しする。

出所／ヒヤリングにより著者作成

このように稼働当初から物流設備（保管場所）の使い分けルールを明確に決め、人が判断することなく「自動的に」振り分けるということは、自動化において重要なポイントであると思います。物流設備の使い分けはこのあとも重要な改善テーマとなるわけですが、ルールに沿って分けられていればこそ、ルールを変えることで保管効率や作業効率がどう変わるのか、仮説を立てて検証していくことができるからです。人の判断が入ってしまえば、ルールと効率の因果関係は明確になりません。今後、ルールを変えて最適化していくことこそ、「人が汗をかいてチャレンジする部分」というわけです。

「フリーロケーション」で保管効率を最大化

商品管理という点で、プラネット埼玉にはもう一つ、重要な特徴があります。それは、すべての商品が「フリーロケーション（フリーロケ）」で保管されているということです。

1つの商品に棚の1つのロケーションを割り当て、商品が補充されたら元と同じ場所に保管するのが「固定ロケーション（固定ロケ）」、入荷の都度、新しいロケーションを自由に取り直すのがフリーロケです。

■写真6-7／フリーロケーションで高い保管効率を実現している平棚

フリーロケーション方式は、商品が減ったら仕切りを詰めて別の商品を置いていけるため保管効率が高くなる。

その結果、1つの商品が2カ所以上に置かれることもありますが、フリーロケではこれは問題にしません。古いものを使い切ってから新しいものを出すというような管理は、情報システムに委ねられます。これだけでなくフリーロケでは何かどこに置いてあるのか、人の感覚ではまったくわからず、すべて情報システムが頼りとなります。

トラスコ中山でも、平棚を含む全面的なフリーロケの採用は、プラネット埼玉が初めてのチャレンジでした。フリーロケの最大の魅力は保管効率の高さです。固定ロケではそれぞれの商品に最大在庫分のスペースを割り当て、商品が減っても空けておかなければなりませんが、フリーロケでは場所が空いたら仕切りを詰めて、別のものを置くことができるからです。

■写真6-8/かご車をエレベーターまで無人搬送するAGV(無人搬送車)

ピッキングを終えた作業者がAGVを呼ぶと、AGVは軌道に沿って自走してかご車をエレベータの前まで連れていく。作業者はピッキングに専念できる。

従来のセンターでも、改善を重ね、かなり隙間なく商品を置いていますが、フリーロケはさらに保管効率を最大化することができるのです。

顧客別の仕分け作業、梱包作業も自動化機器が支援

これまでモノの保管と出し入れに焦点を当てて自動化の様子を見てきました。プラネット埼玉の自動化はこのほかに、各物流設備をつなぐ部分でも進められています。

ピッキングを終えた商品の入ったコンテナはコンベアで運ばれ、SAS(システマストーリーマー)と呼ばれる高速荷合わせ装置に一時保管され、人手を介することなく1階の出荷場まで流れていき

■写真6-9／仕分けを支援するGAS（ゲートアソートシステム）

スキャナーで商品を読みこむと、その注文した顧客の段ボールのふただけが開く装置。作業者は迷わず、ミスなく商品仕分けを行うことができる。

ます。

ただし、ピッキングフロアの光景は決してコンベアが縦横に走るものではありません。コンベアは天井を走り、コンベアへの載せ下ろし口と各保管場所の間の移動を担当するのは無人搬送車（AGV）です。ピッキングを終えたコンテナはかご車に入れられ、中身がある程度たまったところで作業者がAGVを呼びます。AGVは軌道に沿って自走してかご車を運び、コンベアに載せるものはコンベアの載せ下ろし口まで、エレベーターで降ろすものはエレベーターの前まで連れていくのです。作業者はピッキング作業だけに集中できるというわけです。

さて、コンテナに入れられて1階の仕分け場に降りてきた商品は、一部を除いて、まだ「顧客別」

に分けられていません。

1階ではこれらを顧客別に仕分けし、集約して段ボール箱に入れるという最終工程の作業が行われます。顧客別の仕分けを支援するのは「GAS（ゲートアソートシステム）」と呼ばれる仕組みで、段ボールを置く棚と、跳ね上げ式のふたが並んでいるという、ちょっとおもしろい機械です。

この棚に顧客別の段ボールを置き、スキャナーで商品を読みこむと、その商品を注文した顧客の段ボールのふただけが開きます。作業者はそこに商品を入れていけばよいので、ミスなく、考えることなく商品仕分けを行えるわけです。

顧客別に分けた商品を検品して段ボールに入れると、このあとは自動梱包機「I－Pack（アイパック）」が中に入った商品の高さを自動計測して耳を折り、ふたをかぶせて封かんします。納品書の挿入、荷札の貼付け作業も自動で行います。かつては何十人もの作業者が投入されていた梱包作業ですが、プラネット埼玉では、箱に入れた後の梱包作業は、完全に無人化されているわけです。

梱包作業はここだけを切り出しての自動化が可能な部分でもあるので、トラスコ中山の従来型のセンターでも、他の部分に先行して自動化が進められています。

■写真6-10／自動梱包機 I-Pack（アイパック）

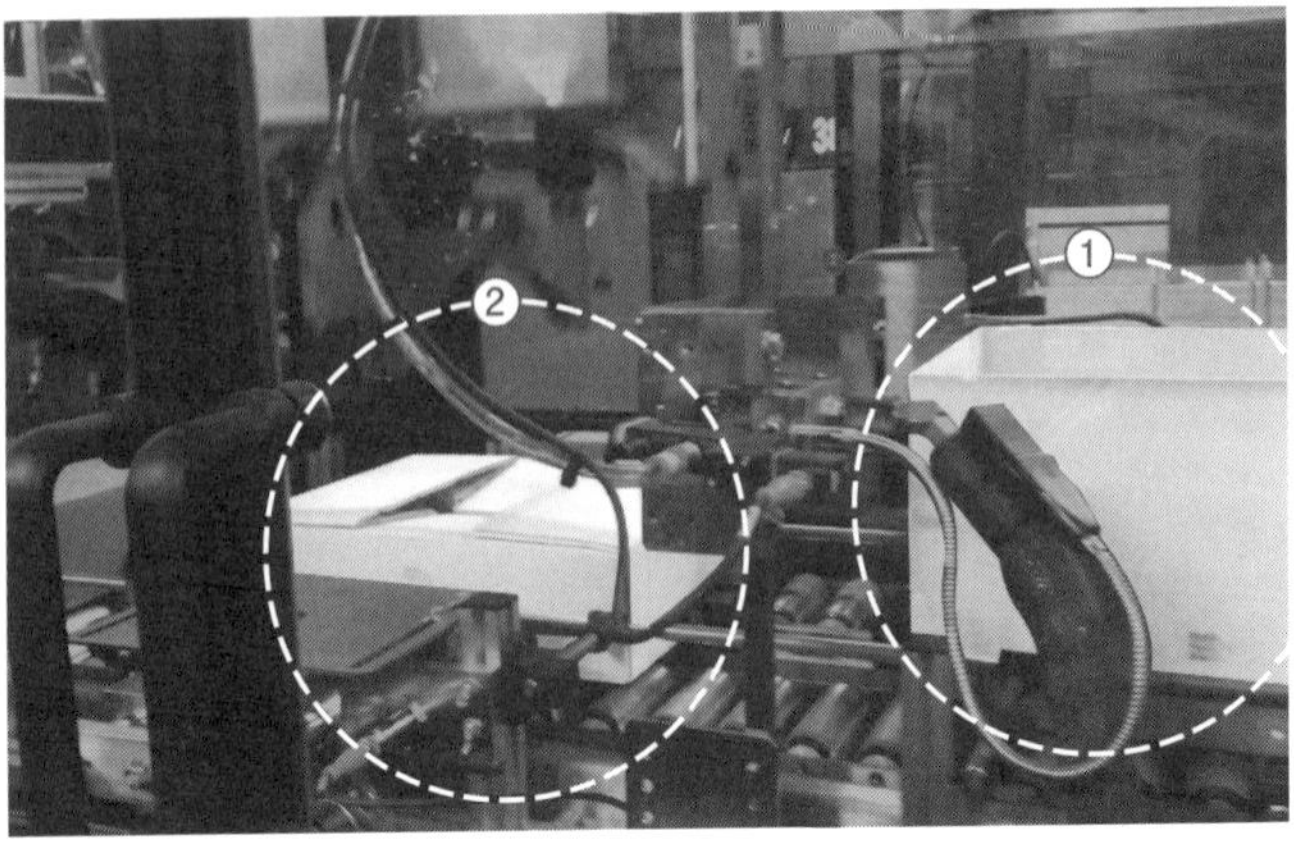

耳が立った状態の段ボールが流れて（①）、中の商品の高さ（②）に合わせて耳を折る。

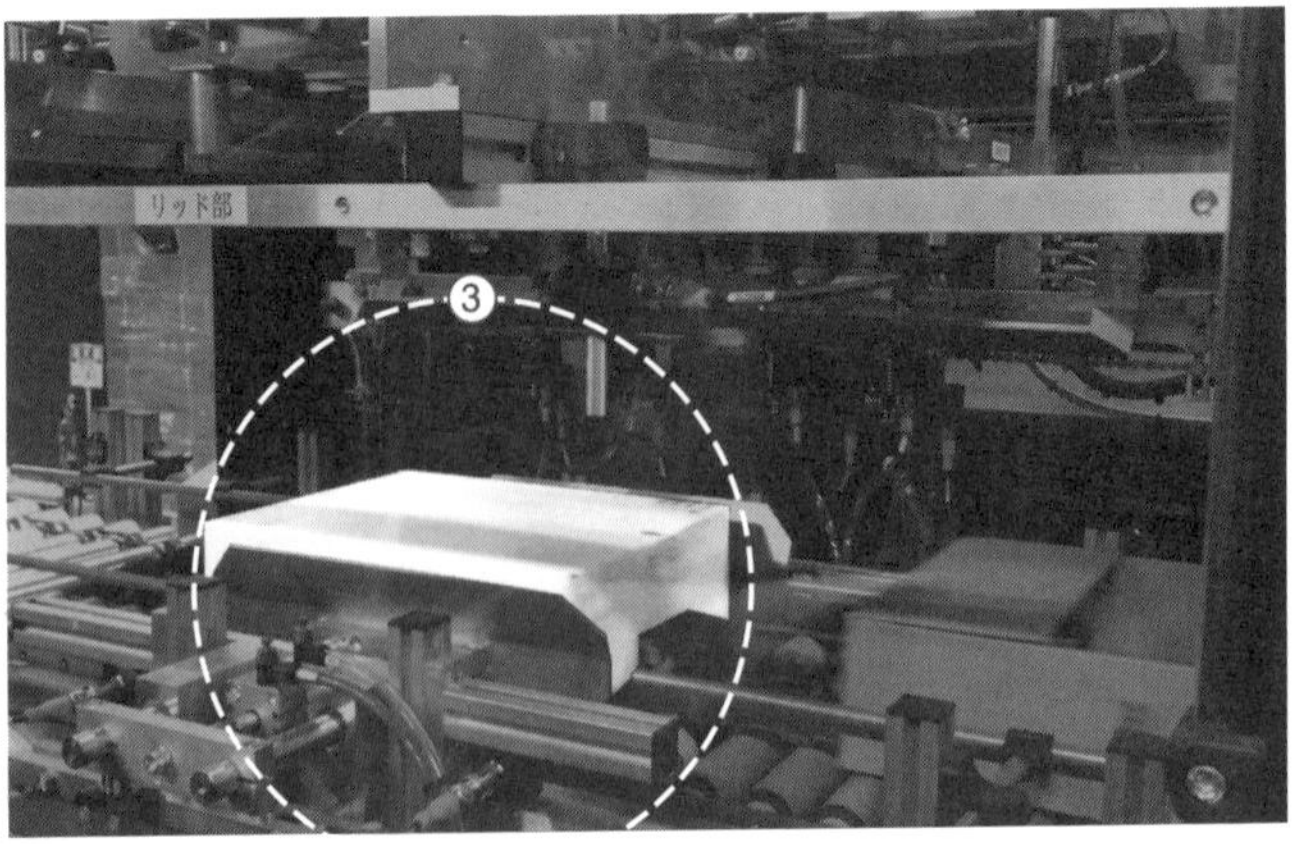

さらに、ふたをかぶせて封かんして、梱包完了（③）。納品書の挿入、荷札の貼付け作業も自動で行うので、梱包作業は無人化されている。

プラネット埼玉ではこのほかに、定型外の大物商品のためにジャストサイズの段ボール箱をその場で作りあげる「ＢＯＤ（ボックスオンデマンドシステム）」も導入されています。

チャレンジを生み、人を育てる物流センター

プラネット埼玉で働く人の数は現在90名、「52万アイテム、出荷5万件」に達した時点で２００人の予定です。従来型センターであれば、人は５００人必要になると試算されていました。

自動化センターのマネジャーには、それぞれの立場でシステムから情報を受け取り、問題に気づき、機械の使い方や連携のさせ方を工夫していくことが求められます。ロボット倉庫や仕分け機器の設定をどう最適化するか、機械同士をどう連携させるとトータルの能力が最大化されるのか、どこにもまだ答えのない問題であり、機械やシステムのメーカー任せでよい答えを出してもらえるというものでもありません。トラスコ中山では物流センターで働く社員が自らこの課題に取り組み、この分野のプロフェッショナルになるという気構えでいます。なかなかにやりがいのある、チャレンジングな仕事です。

センターの立ち上げにスタッフとして関わり、現在も現場のリーダーとして活躍するメンバーの中には、24人の新入社員が含まれています。また、トラスコ中山には、本社や支店の社員が月に1日、物流センターに来て作業を行う「レスキューローテーション」という制度があります。

物流スタッフだけでなく誰もが物流業務を理解することで、何が起こっても物流を止めない体制を作るというサプライヤーとしての強い覚悟によるものであり、同時に教育的なねらいも強く持っています。「物流にいると学びのチャンスがたくさんある。会社の事業内容が俯瞰的にわかるし、問題発見能力、マネジメント能力を育てるよい機会になる。だから当社の新入社員は入社後、1年2カ月という時間を物流センターで過ごすのです」と、山本部長は語っています。

チャレンジを生み、人を育てる物流センター。トラスコ中山のセンターはその意味でも先進的な物流センターであると言えます。

著者紹介

湯浅　和夫（ゆあさ かずお）―― 第1章・第2章・第3章担当
株式会社湯浅コンサルティング　代表取締役社長

1971年早稲田大学大学院商学研究科修士課程修了、同年日通総合研究所に入社。常務取締役を経て2004年3月に退職し、同年4月株式会社湯浅コンサルティングを設立し、現職。『物流とロジスティクスの基本』（日本実業出版社）、『プロ直伝！結果が出る物流とロジスティクス』（ナツメ社）など著書多数。

内田　明美子（うちだ はるこ）―― 第4章・第6章2節担当
株式会社湯浅コンサルティング　コンサルタント

慶応義塾大学経済学部卒業、日本債券信用銀行（現あおぞら銀行）、日通総合研究所を経て、2004年4月より現職。物流ABC算定支援、在庫削減、物流業務改善などのコンサルティング、物流コスト分析の教育研修等に従事。『在庫管理の基本と仕組みがよくわかる本』（秀和システム）など著書多数。

芝田　稔子（しばた としこ）―― 第5章・第6章1節担当
株式会社湯浅コンサルティング　コンサルタント

早稲田大学人間科学部卒業、同年日通総合研究所に入社。2004年3月退職、4月より現職。物流ABC導入、在庫削減などのコンサルティング、教育研修、国土交通省などの調査業務に従事。『ムダをなくして利益を生み出す在庫管理』（かんき出版）など著書多数。

ホームページ　http://www.yuasa-c.co.jp/

「物流危機」の正体とその未来

時代の変化を勝ち抜く処方箋

2019年2月28日 初版 第1刷発行

■著　者　　湯浅和夫・内田明美子・芝田稔子
■発行者　　髙松克弘
■発行所　　生産性出版
〒102-8643　東京都千代田区平河町2-13-12
日本生産性本部
電話 03(3511)4034
https://www/jpc-net.jp

■印刷・製本　　シナノパブリッシングプレス
■装丁・本文デザイン　株式会社 hitoe

ISBN978-4-8201-2089-6